学習障害（LD）のある 小学生 中学生 高校生 を支援する

個別の指導計画

作成と評価ハンドブック

海津亜希子

独立行政法人 国立特別支援教育総合研究所 主任研究員

KJ

教育ジャーナル選書

はじめに

もともとこの本は、『個別の指導計画作成ハンドブックーLD等、学習のつまずきへのハイクオリティーな支援ー』（日本文化科学社）として2007年４月に刊行されました。これまでも多くの先生方に手にして頂き、「使っています！」と笑顔でうれしいお声を頂くこともありました。こうして本がつなぐご縁を感じている最中でしたが、出版関連の諸事情により版を重ねることが難しくなってしまいました。しかしながら、「この本、いいですね！」といった有り難いお声や、昨今の特別支援教育をめぐる動向を鑑みると、この本が果たし得る役割は未だあるのではないかとの思いを強くしました。そして、この度、これまでの内容に大切な事柄を新たに加え、『個別の指導計画作成と評価ハンドブック』として誕生させることが叶いました。これまでお世話になりました日本文化科学社のご厚意、この本の必要性をご理解くださり新たに息吹をもたらしてくださった学研のみなさまにこの場を借りて深く感謝申し上げます。

さて、本題に入ります。この本は、平成14年度科学研究費補助金（若手研究（B）14710118）の助成を受けて行われた「学習障害児等の個別の指導計画作成支援マニュアルの開発に関する研究」のもとまとめられました。研究の発端は、「LD（学習障害）の子どもたちに何か効果的な指導方法はないものか」という問いへ、一つの答えを探すことにありました。

通常の学級の中で、状態像が把握・理解しにくい子どもたちが存在すること、これらの子どもたちに対し、何らかの支援が急務であることが言われて久しくなりました。通常の学級での授業改善といった視点から、教育的ニーズのある子どもたちへの支援が実践されるケースも増えてきています。ただ、果たして「すべての子どもが参加しやすい授業」にはなったとしても、「すべての子どもがわかる授業」になっているのでしょうか。先生が多くの子どもにとって効果的な指導を行ってもなお、そのクラスに一人でも困っている子どもがいたとしたら……。文字通り、「全ての子どもがわかる授業」に達するには、何が必要なのでしょうか？

子どもが示すつまずきは実に様々です。何につまずいているのかが明らかでない限り、その子どもが真に待っている支援は届けられないのではないかと思うのです。つまり、重要なのは、個々をとらえる視点です。その実態把握に基づいて、子どもとともに、歩むべき道を見定め、めざすべきところへ近づいていく……。

その子が「どういうつまずきをもっているのか、習得している部分・得意な力は何か、本人や保護者のニーズは何かなどの実態把握を行い」「その子にあった目標を設定し」「目標を達成するための具体的な指導の計画を立て」「計画が適切であったかどうかの評価を行う」……。まさに、個に焦点を当てた指導の道筋・道標を考えることが、全体への支援のみでは十分でない子どもにとって必要不可欠なのではないでしょうか。

「LDの子どもたちにとっての効果的な指導方法は？」という問いへの一つの答えとして取り組み始めた個別の指導計画に関する研究でしたが、未だ声にならない声を上げている子どもたちに届いているかといえば、そうとも言い切れない現状ではないかと思っています。

そして、LDへのアプローチをきっかけに考え始めた個別の指導計画でしたが、気づいてみれば、この考え方は決して LDに限ったことではない、すべての子どもに通じる考え方であると感じています。

多角的な視点で光が当たることを待っているすべての子どもたち、そして、そうした子どもたちに真剣に向かい合い、ともに笑える日を楽しみにしていらっしゃる方々に、心をこめてこの本を贈りたいと思います。

2017年6月

海津 亜希子

もくじ

この本の趣旨

この本では、「個別の指導計画ってどんなもの？」「どうやって作ればいいの？」「作ってはいるけれど、今のやり方でいいの？」などの疑問に対して、少しでもお答えできればと思っています。

さらには、次のような特徴があります。

通常の学級をはじめ、様々な場で、つまずきのある発達障害等の子どもとかかわっていらっしゃる先生方と行った研究をもとに書かれています。

研究を通して、個別の指導計画を作成することによる効果や、作成にあたっての課題が明らかになってきました。この本では、多くの先生方が、作成に際して難しかった内容について、特に詳しく述べています。

主に学習面に焦点を当てています。

行動や社会性などの面でつまずきがある場合、周囲への影響も大きいことから、比較的対応も速やかで、個別の指導計画が作成されることもしばしばです。一方、行動面に顕著なつまずきがみられず、学習面でのみつまずいている場合、その子どもに対する支援の優先度、緊急性は低くなりがちです。しかし、学校で学習に充てる時間の多さ、子どもにとって学習は基本的な営みであることから考えても、学習のつまずきを軽視することはできません。そこで、本書では特に学習面に焦点を当てた個別の指導計画の作成について取り上げたいと思います。

特に、LD等発達障害のある子どもの学習のつまずきと個別の指導計画との関係を重視しています。

通常の学級の中で、特別な支援を必要とする子どもたちの中に LD等の子どもがいます。しかし残念ながら、「LDのある子どもたちには、こういう指導が効果的！」という端的かつ明確な内容を挙げることはできません。なぜなら、LDと言っても十人十色、子どもによって様々であり、10人いれば、10通りの指導法が存在するからです。したがって、その子どもに合った指導・支援を行うためには、その子どものことを知り、得られた情報からどのような指導・支援の方向につなげていくかを考えることが不可欠になります。これがまさに、個別の指導計画を作成していくプロセスであり、LD等の子どもたちにとって、大きな支援の一つになると思われます。

これから個別の指導計画を作成してみようと思う先生方、すでに作成されている先生方ともに対象としています。

個別の指導計画を作成するのは、決して簡単なことではありません。従来は、経験を積んでいく中で、その力を養っていくようなところがありました。しかし、この本では作成のポイントを具体的に示すことで、これから作成してみようと思う先生方にも、効果的な個別の指導計画が着実に作成できることをめざしています。同時に、すでに作成されている先生方にも、新たな視点を提案できるよう努めました。

中学校、高等学校における教育的ニーズのある子どもへの支援、活用できる個別の指導計画とはどのようなものかについても事例を通じて考えていきます。

中学校における発達障害等教育的ニーズのある子どもへの支援では、個別の指導計画に基づいた個への支援の前提として、全体への支援を考えていくことが重要です。本書では、全体への支援として、先生方が自分の授業スタイルに気づき、改善を行っていく取り組みや、新たな授業研究会のアプローチについて提案していきます。そうした全体への支援を行っていく中で、改めて個への支援の重要性がみえてくると考えます。

さらに、高校においては、特別支援教育のための体制整備が徐々に進められてきていますが、平成30年度からの通級による指導の開始に伴い、ますます個々の教育的ニーズの把握、指導・支援の提供が求められています。高校における特別支援教育の有り様は、決して一つではなく、柔軟に、多様に考えていくことが重要です。今回は、その地域、学校の文化の上に創り上げていく特別支援教育の一つの参考になればと文部科学省のモデル事業を受け、先行して通級による指導を実施している学校の報告をご紹介します。

個別の指導計画はインクルーシブ教育システムの構築において不可欠な「合理的配慮」を考え、提供する上でも有効なツールです。

「障害者の権利に関する条約」が批准され、教育においても障害の有無に関わらず機会均等の実現のため、個々に必要とされる「合理的配慮」の提供が求められます。この合理的配慮を行うにあたっては、子どもや保護者と十分に合意形成を図りながら決定していきます。その内容を個別の指導計画に記載することで、確実に合理的配慮が子どもへ届けられることからも、個別の指導計画と合理的配慮は密接な関係にあると言えます。

すべての子どもたちの指導・支援に通じると考えます。

主に LDのある子どもを想定し個別の指導計画について話を進めていきますが、これは決してLDに限ったことではなく、すべての子どもに通じる指導・支援と考えます。

この本の構成

第1章は個別の指導計画についての概説です。第2章以降は、具体的に個別の指導計画の作成方法について説明しています。個別の指導計画を作成する際には、「子どもの実態を把握する段階」「目標を設定する段階」「評価する段階」など、いくつかのプロセスに分けることができます。このようなプロセスごとに、個別の指導計画を作成するにあたって重要と思われる点（ポイント）を挙げ解説していきます。第2章以降の構成は、具体的には以下のようになっています。

第2章〜第6章の構成

①プロセス（例：「実態把握」「指導計画作成」）でのポイント

→ 各プロセスにつき4〜11のポイントを挙げています。

②プロセスでおさえること（具体例を通して）

→ ①のポイントをおさえた個別の指導計画の具体例を挙げています。
（「えがお君」という子どもを例に、個別の指導計画を作成していきます）

③ポイントについての具体的な説明

→ ①のポイントの中で、特に解説が必要な内容についてピックアップし、説明しています。

第7章の構成

実際に「個別の指導計画」を生かした実践について紹介します。小学校の事例は「通級による指導を担当する先生と通常の学級の先生との連携を大切にした取組」。中学校の事例では「全体への支援を行っていく中で、改めて個への支援の重要性が明確になり、自然に個別の指導計画の作成・実践へとつながっていった取組」。高等学校の事例は「モデル事業として一足先に実践を開始した高等学校における通級による指導の取組」です。

資料

この本の中で紹介された「個別の指導計画作成に関するチェックリスト」や「学習領域スキル別つまずきチェックリスト」「個別の指導計画書式」等、日々の実践の中ですぐに活用できそうなツールをまとめて紹介しています。なお、ここで紹介するツールはすべてCD-ROMの中にも収録されています。

第1章

個別の指導計画とは

この章では……

個別の指導計画とはどういうものか、
作成するにあたっての
大まかな流れについてみていきます。

個別の指導計画とは

個別の指導計画は、障害のある子どもの状態像に応じ、的確な指導・支援の提供が実現できるよう、学校における教育課程や指導計画、さらには個別の教育支援計画※ 等を踏まえ、目標、指導・支援内容、評価等の観点を含んだものです。

1999（平成11）年3月に告示され、2002（平成14）年度より完全実施されている盲学校・聾学校及び養護学校の学習指導要領において、自立活動や重複障害児の教育について作成が義務化されました。自立活動では、「個々の児童または生徒が自立をめざし、障害に基づく種々の困難を主体的に改善・克服するために必要な知識、技能、態度及び習慣を養い、もって心身の調和的発達の基盤を培う」ことを目標にしています。そして、2009（平成21）年3月に告示された特別支援学校の学習指導要領には、自立活動に留まらず、「各教科等の指導に当たっては、個々の児童又は生徒の実態を的確に把握し、個別の指導計画を作成すること」、また、「個別の指導計画に基づいて行われた学習の状況や結果を適切に評価し、指導の改善に努めること」が書かれています。

他方、2008（平成20）年8月の小学校学習指導要領解説総則編、ならびに2008（平成20）年9月の中学校学習指導要領解説総則編では、障害のある児童・生徒への指導として、LD（学習障害）やADHD（注意欠陥多動性障害）、自閉症など、通常の学級において特別な教育的ニーズを有する子どもについても取り上げています。その中で、「障害のある児童・生徒一人ひとりについて、指導の目標や内容、配慮事項などを示した計画（個別の指導計画）を作成し、教職員の共通理解の下にきめ細やかな指導を行うことが考えられる」と述べられています。つまり、子ども一人ひとりの障害の状態や発達段階などを的確に把握し、それに基づいて、目標や指導・支援内容、評価の観点を明確にすることが求められており、その役割を果たすのが個別の指導計画と言えます。

※就学前から就学中、さらには就学後と一貫した子ども中心の支援実現に向け、医療、保健、福祉、労働等の関係機関と連携しつつ作成されるのが個別の支援計画であり、その中でも特に教育に特化したものを個別の教育支援計画と呼びます。

昨今の個別の指導計画をめぐる状況 －インクルーシブ教育における合理的配慮と個別の指導計画－

2016（平成28）年7月、中央教育審議会教育課程部会で出された「特別支援教育部会における議論の取りまとめ（案）」では、「幼稚園、小学校、中学校等においても、特別支援学級や通級による指導を受けている子どもを中心に、個別の指導計画等の作成が進んでいる」と普及を認めつつも、一方で、「通級による指導を受ける児童生徒及び特別支援学級に在籍する児童生徒については、個別の教育支援計画や個別の指導計画を全員作成すること」「これらの作成にあたっては、作成・活用の留意点（実態把握から評価・改善など）を示すことが必要であり、障害者差別解消法に基づく合理的配慮やその他指導上の配慮についても記述することが必要」と改善の方向性も示しています。

2017（平成29）年3月に公示された、小学校及び中学校の学習指導要領の第一章総則の中でも「児童（生徒）の発達の支援」として、「特別支援学級に在籍する児童（生徒）や通級による指導を受ける児童（生徒）については、個々の児童（生徒）の実態を的確に把握し、個別の教育支援計画や個別の指導計画を作成し、効果的に活用するものとする」と明記されています。

今後、ますます「個別の指導計画」が、特別な教育的ニーズのある子どもへのきめ細やかで効果的な指導・支援の実現のツールとして、多くの子どもたちに届けられる可能性があること、またその役割もインクルーシブ教育システムの実現に向けて重要性が増していることがうかがえます。

先述の「特別支援教育部会における議論の取りまとめ（案）」において、「個別の指導計画」や「個別の教育支援計画」の中に、合理的配慮の提供についての記載の有無について調べた2015（平成27）年度の調査結果が示されています。結果は、「明記している」と回答したのが約55%でした。ただし、「今後記載予定あり」と回答したのが約32%であり、「個別の指導計画」等に「合理的配慮」の記載がなされていく方向にあるのは確かでしょう。

高校での新たな特別支援教育の動向にみる個別の指導計画 ―通級による指導の開始―

高校における特別支援教育に向けた体制構築については、2007（平成19）年度以降、校内委員会の設置や特別支援教育コーディネーターの指名等、徐々に整備が進められてきています。

文部科学省が2009（平成21）年に実施した「発達障害等困難のある生徒の中学校卒業後の進路に関する分析結果」によると、高校に進学する発達障害等困難のある生徒の、高校進学者全体に対する割合は2.2%とされています。

こうした高校における特別支援教育の今後の課題として、生徒一人ひとりの教育的ニーズに即した、よりきめ細やかな教育を提供する観点から、「個別の教育支援計画」や「個別の指導計画」の作成が挙げられています（高等学校における特別支援教育の推進に関する調査研究協力者会議報告, 2016）。

大きな流れとしては、2016（平成28）年12月に学校教育法施行規則第140条の規定による「特別の教育課程」に関する内容に、「高等学校」が含まれ、高校においても、「障害に応じた特別の指導」が行えるよう改正がなされました。この一環で、2018（平成30）年4月から高校における通級による指導が開始されます。

高校における通級による指導では、「個別の指導計画」に従って履修し、その成果が個別に設定された目標からみて満足できると認められる場合に、単位を修得したことを認定しなければならないと2018（平成30）年3月公示の新高等学校学習指導要領において述べられました。

このように、単位修得が非常に重要な意味をもつ高校において、通級による指導では「個別の指導計画」の評価をもって単位修得とする方向性であることからも、今後ますます「個別の指導計画」が果たす役割は大きいと言えるのでしょう。

個別の指導計画作成までの流れ

ここでは個別の指導計画を作成するプロセスについて紹介します。個別の指導計画作成というと、計画を立てる部分のみがクローズアップされがちですが、実は、どういう方向性の計画を立てるべきかを見定める「実態把握（アセスメント）」や、効果や課題を検討する「評価」も大切なプロセスの一つであり、とても重要な役割を果たします。そこで、個別の指導計画作成の流れ（図1-1）について概観します。

はじめに、子どもの現在の状態（例えば、つまずいている課題や習得しているスキル）、子どもや保護者のニーズ等、あらゆる角度から情報を集め、実態把握（アセスメント）を行っていきます。

次に、これら実態把握（アセスメント）の結果から、どういうことをめざしたいか、目標にしたいかについての方向性を定めます。

続いて、その目標を達成するための具体的な計画を練っていきます。子どもが目標を達成できるよう、こちら側はどのような手だてを講じたらよいかについて念入りに検討していきます。さらに、どういう様子がみられた場合に目標達成とみなすか、評価の基準も明らかにしておきます。

そして、いよいよ実際に子どもを前にした指導に入ります。立てた計画が適切であったか日々の実践と照合し評価します。目標は妥当であるか（高すぎないか、低すぎないか）、取り上げる課題の内容は適切か、課題の順序は適切か、手だての量や質は適切か（手だての量は少なすぎないか、多すぎないか、支援の内容は適切か）など、あらゆる面から評価を行います。そして、必要に応じて計画の修正を行います。このような修正を行いながら、効果的な指導計画が完成されていきます。

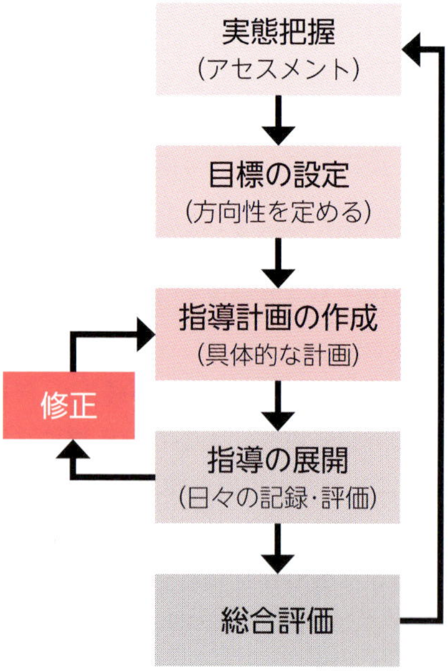

図1-1　個別の指導計画の流れ

最終的な段階では、指導計画に基づいた指導を学期や年度ごとに評価していきます。子どもの能力にどう変化がみられたか、目標としたスキルの獲得は実現されたか、どこまで達成したか、残された課題は何か、などの評価を行います。また、指導した側の評価（効果のあった点、課題点）も併せて行います。さらに、次にどういう目標や計画につなげていきたいかなどの見通しを含めた評価も添えます。これらの評価が、次の学期や学年の実態把握（アセスメント）の資料へとつながっていきます。

以上のステップは、一つ一つがばらばらに行われるのではなく、一連のサイクル（「実態把握：アセスメント」→「計画」→「実際の指導」→「評価」→「実態把握：アセスメント」→「計画」……）として機能することが重要です。

個別の指導計画を立てることのメリットとは

個別の指導計画を立てることで、どのようなメリットが生じるでしょうか？

1）どういう点をさらにアセスメントすべきかが明確になる

実態把握（アセスメント）を行うことで、子どもの状態像をより詳細につかむことができるのはもちろんのこと、さらにどういう情報を集めることが必要かということがおのずと明らかになってきます。

2）指導の方向性が明確になる

前もって指導計画を立てておくため、指導の方向性がみえてくると同時に、体系的な指導・支援が可能になります。

3）評価の視点が明確になる

二つめのメリットとも関連しますが、指導計画を立てる段階で、具体的な目標を設定することにより、どこまで達成できたら○、できていなかったら×というように、子どもの達成度、かかわる側の指導・支援に対する評価の視点がはっきりとしてきます。

4）指導で意図することが他の人へ伝えやすくなる

個別の指導計画という目に見える形のものを作成することにより、他の人へ自分がどういうことを意図して指導・支援を組んでいるかということが伝えやすくなります。

5）移行支援を考える際にも重要な役割を果たす

一人の子どもに生涯関わることはできません。私たちは、その時その時、子どもと進む方向性を共有し、ゴールに向かって歩んでいきます。そして、「こういう考え、思いで、これまで子どもとの学びを続けてきた」証（あかし）である「個別の指導計画」を次の段階へと引き継いでいきます。そうすることで、指導に一貫性、連続性が生まれます。「個別の教育支援計画」は発達段階を経た連携を意識して作成されますが、「個別の指導計画」もまさに連携、「移行支援」の際の重要な情報源になります。

6）指導の根拠が次の確実な指導・支援の獲得につながる

大学入試センター試験において「配慮」（例：時間延長、文字の拡大等）を受けるためには、高校段階でも同様の配慮を受けてきたことを示す必要があります。そのことが記された「個別の指導計画」の提出も求められます。つまり、高校において提供されてきた「配慮」が「個別の指導計画」にしっかりと明記され実行されてきたという証明が、試験における「配慮」を受ける際の根拠となり、提供が認められるようになるというわけです。「個別の指導計画」を作成することについては、その負担感が挙げられることが多いですが、このように子どもの未来に直結する支援の獲得にもつながっていくのです。

7）子ども自身が自分の学習の方向性を理解しやすくなる

主役である子ども自身が、自分が何をめざして学習しているのかを理解し、自分の学習に対してモニタリングをすることは重要な意味をもちます。子どもも含め、読む人にとってわかりやすい個別の指導計画を心がけることにより、そのことが可能になります。

8）クラス全体への相乗効果をもたらす

対象とする子どもに対して個別の指導計画をもとにわかりやすい授業を努めたところ、結果的にクラス全体にとってもわかりやすい授業になったとの報告もあります（参照：P93 コラム11）。

9）作成者のスキルアップにつながる

教師の中に子どもを見ていく際の視点が構造化されていきます。子どものつまずきの見立て、つまずきの要因に合わせた指導が論理的になされるようになるほか、「指導計画－指導の展開－評価」というサイクルが、書面上のことから、ひいては思考の中でも循環されるようになります。さらに、個別の指導計画を作成することにより、作成者自身が自分の指導を振り返る機会が得られます。このような作成者のモニタリングも指導者としてのスキルアップにつながります。

column 1 発達障害とは

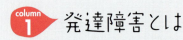

実は、発達障害の概念は国によって様々です。日本においても、必ずしも共通したイメージがあるとは限りません。そこでここでは、いくつかの切り口から「発達障害とは何か」について整理してみたいと思います。

発達障害に関する法的根拠である「発達障害者支援法」

発達障害者支援法は、2004（平成16）年12月に公布され、2005（平成17）年4月から施行されています。その後、改正※もなされています。発達障害者支援法では、「発達障害への早期把握・早期支援」や「切れ目のない支援」等がうたわれています。

※2016（平成28）年6月公布、2016（平成28）年8月施行

この法律において「発達障害」とは、自閉症、アスペルガー症候群その他の広汎性発達障害、学習障害、注意欠陥多動性障害その他これに類する脳機能の障害（言語の障害や協調運動の障害、心理的発達の障害や行動及び情緒の障害）であり、その症状が通常低年齢において発現するものとしています。加えて、改正された法律では、「発達障害者」とは、発達障害がある者であって、発達障害及び社会的障壁により日常生活又は社会生活に制限を受けるものをいうとする文言が加わりました。なお、「社会的障壁」とは、発達障害がある者にとって日常生活又は社会生活を営む上で障壁となるような社会における事物、制度、慣行、観念その他一切のものをいいます。なお、2016年に改正された発達障害者支援法の中でも、個別の教育支援計画の作成及び個別の指導に関する計画の作成の推進が、国及び地方公共団体に求められています。

特殊教育から特別支援教育へ移行する中での発達障害（文部科学省）

2001（平成13）年1月「21世紀の特殊教育のあり方について～ 一人一人のニーズに応じた特別な支援の在り方について～（最終報告）」が公表されました。その中で、「学習障害児、注意欠陥／多動性障害（ADHD）児、高機能自閉症児等、通常の学級に在籍する特別な教育的支援を必要とする児童生徒等に対する指導の充実を図るためには、その実態を把握し、判断基準や指導方法を確立することが必要」との提言がなされました。

2003（平成15）年3月には、「今後の特別支援教育のあり方について（最終報告）」が公表され、「特別支援教育とは、従来の特殊教育の対象の障害だけでなく、LD、ADHD、高機能自閉症を含めて障害のある児童生徒の自立や社会参加に向けて、その一人一人の教育的ニーズを把握して、その持てる力を高め、生活や学習上の困難を改善又は克服するために、適切な教育や指導を通じて必要な支援を行う」としています。「学校教育法等の一部を改正する法律（改正法）」も、2005（平成18）年6月公布、2007（平成19）年4月より施行され、法整備もなされました。

以下に、文部科学省が出しているLD、ADHD、高機能自閉症、いわゆる発達障害の定義について挙げました。

●学習障害とは、基本的には全般的な知的発達に遅れはないが、聞く、話す、読む、書く、計算する又は推論する能力のうち特定のものの習得と使用に著しい困難を示す状態を示すものである。学習障害は、その原因として、中枢神経系に何らかの機能障害があると推定されるが、 視覚障害、聴覚障害、知的障害、情緒障害などの障害や、環境的な要因が直接の原因となるものではない。

＊学習障害児に対する指導について（報告）（文部省, 1999）

●ADHDとは、年齢あるいは発達に不釣り合いな注意力／又は衝動性、多動性を特徴とする行動の

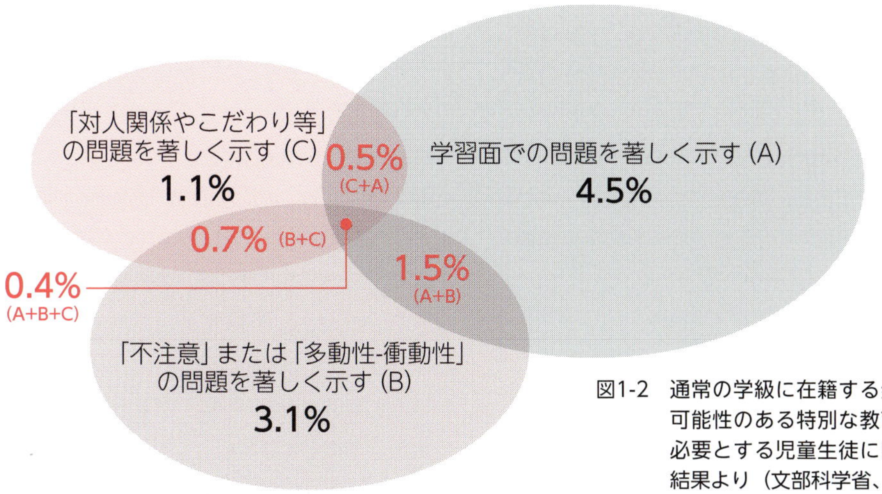

図1-2　通常の学級に在籍する発達障害の可能性のある特別な教育的支援を必要とする児童生徒に関する調査結果より（文部科学省、2012）

障害で、社会的な活動や学業の機能に支障をきたすものである。この障害は、7歳以前に現れ、その状態が継続し、中枢神経系に何らかの要因による機能不全があると推定する。

＊今後の特別支援教育の在り方について（最終報告）（文部科学省, 2003）

●高機能自閉症とは、3歳位までに現れ、①他人との社会的関係形成の困難さ、②言葉の発達の遅れ、③興味や関心が狭く特定のものにこだわることを特徴とする行動の障害である自閉症のうち、知的発達の遅れを伴わないものをいう。また中枢神経系に何らかの要因による機能不全があると推定される。

＊今後の特別支援教育の在り方について（最終報告）（文部科学省, 2003）

2002（平成14）年に日本で初めて、これら「通常の学級に在籍する発達障害の可能性のある子ども」の実態調査が行われ、6.3％在籍しているという結果が出されました。その後、2012（平成24）年に再度、同様の調査がなされ、6.5％という結果が出ています（図1-2）。

国際的な分類からみる発達障害（ICD、DSM）

国際的に用いられている医学の診断基準が、世界保健機関であるWHOの国際疾病分類ICD（International Classification of Diseases）です。現在は1994年から第10版を数え（ICD-10）、日本政府が公式に採用している診断体系になります。ICD-10では、発達障害として代表的なものとして、「会話及び言語の特異的発達障害（言語障害）」「学習能力の特異的発達障害（学習障害）」「運動機能の特異的発達障害（発達性協調運動障害）」「広汎性発達障害（自閉症、アスペルガー症候群等）」が心理的発達の障害の下位カテゴリーに属しています。加えて、小児期および青年期に通常発症する行動および情緒の障害として、「多動性障害（注意欠如多動性障害）」「素行（行為）障害（反抗挑戦性障害など）」「小児期に特異的に発症する情緒障害（分離不安障害等）」「小児期および青年期に特異的に発症する社会的機能の障害（選択緘黙、愛着障害等）」「チック障害（トゥーレット症候群等）」「小児期および青年期に特異的に発症する他の行動および情緒の障害（吃音等）」が挙げられています。これらは先述した発達障害者支援法の対象となっています。なお、2018（平成30）年6月にICD-11が公表されました。その中では、「神経発達症群」という診断カテゴリーができ、知的発達症、自閉スペクトラム症、発達性学習症、注意欠如多動症等が含まれています。

もう一つ、世界的に使用されている診断基準が、米国精神医学会であるAPAの精神疾患の分類と統計の手引きであるDSM（Diagnostic and Statistical Manual of Mental Disorders）です。現在は2013年からの第5版、DSM-5になっています。DSM-5で改訂された点では、「神経発達障害（Neurodevelopmental Disorders）」という発達障害にあたるカテゴリーができました。そこには「知的能力障害/知的発達症（障害）」「コミュニケーション症（障害）」「自閉症スペクトラム症（障害）」「注意欠如・多動症（障害）」「限局性学習症（障害）」「運動症（障害）」「チック症（障害）」等が挙げられています。

DSM-5において、例えば、「自閉症スペクトラム症（障害）」では、「社会的コミュニケーションや対人的相互反応の持続的な問題がいろいろな状況で認められること」「行動、興味、または活動の限定されたパターン的反復」の2つがみられることが基準となっています。注意欠如・多動症（障害）では、「持続してみられる注意力の問題や多動・衝動性」「症状のいくつかは12歳未満に出現」「症状のいくつかは複数の場で認められること」「症状により、社会的生活や学業あるいは仕事上において支障をきたしている状態が明らかに認められること」等が基準です。「限局性学習症（障害）」は、「読み誤りや、読むのに時間を要すること」「読んでいるものの意味理解の困難」「綴りの困難」「書字表出の困難」「数感覚、数的事実、計算等の習得困難」「数学的推論の困難」のいずれかがみられるとしています。

まとめ

発達障害のある子どもの教育的ニーズは、気づかれにくいことが往々にしてあります。それは、つまずいているところも確かにありますが、同じくらい、できるところもあるからです。

例えば、LDは、主に学習面で様々なつまずきを示します。漢字を読むことはクラスでトップでも、漢字を書くことになると難しく、平仮名ばかりの作文になってしまったり、計算問題は得意でも、図形問題になると手が出なくなってしまったり……。ただしこれは、全般的な知的発達の問題でも、環境が直接の要因でもありません。

発達障害の子どものつまずきの背景には、認知（情報処理）過程、つまり、情報を「受けとめ、整理し、関係づけ、表出する過程」のどこかに十分機能しないところがあることが推定されています。情報を受け止める段階で偏ってしまったり、頭の中で整理することや、既にある知識と関係づけたりするのが苦手だったり、わかっているけれど思うように表出できなかったり……。

このような認知過程の不具合により、学習面等での得手・不得手の差が大きく、また個々に現れる状態像が一様でないゆえ気づかれにくく、結果として支援が遅れてしまうことも少なくないのです。

また、学習面のつまずきのみで、行動面でつまずきがみられない場合には、その子に対する支援のプライオリティー（優先度）が低くみなされてしまうといった現状も残念ながら否めません。

ただし、子どもにとって、学習は学校生活の多くを占めるいわば私たちの仕事のようなものです。この領域でいかに有能感を感じられるかが、学校生活を豊かにする大きな要因と言っても過言ではないのです。

column 2 アコモデーション・モディフィケーションという考え方

特別な教育的ニーズのある子どもが、他の子どもと同様のプリントやテスト等を解くことが困難な場合、何らかの「変更」が求められるかもしれません。みなさんはそのような時、どのような「変更」をイメージされるでしょうか。

例えば、そこに掲載されている内容自体や、評価基準等を変更する場合もあるでしょう。このように難易度をよりその子どもに合わせて異なった内容の課題を用意（代替）したり、課題の量を減らしたり等、本質的な変更が一つには考えられます。

もう一つは、内容や評価基準等は変えることなく、子どもがその内容にアクセスすることが可能となるような変更です。この場合、「調整」といってもよいかもしれません。例えば、「文字のサイズを拡大する」「（読むことが苦手な子どもに対しては）書かれてある内容を読み上げる」「（テストを受ける際）時間を延長する」「（書くことが苦手な子どもに対しては）ワープロ機能等の使用を認める」等です。

前者のような本質的な変更を「モディフィケーション（Modification）」、後者のような変更（調整）を「アコモデーション（Accommodation）」と言います。

ここで、こうした教育的ニーズのある子どもたちが、公平に教育機会にアクセスできることについてわが国でもよく参考にする米国の例を紹介したいと思います。

米国においては、障害のある子どもや人々が、障害が原因となって不利益を被らないようにするといった考え方があります。ここで関連してくるのが、IDEA（Individuals with Disabilities Education. Act：障害のある人々の教育に関する法）やSection 504 of the Rehabilitation Act of 1973という法律※ です。これら2つの法律の中で、アコモデーション（Accommodations）やモディフィケーション（Modifications）という用語がみられます。

こうした、アコモデーションやモディフィケーションの内容は、IDEAの対象であれば、IEP（Individualized Education Program：個別教育計画）の中に記載され、またSection 504の対象であれば、504 planに記載されることになっています。

※Section 504 of the Rehabilitation Act of 1973：IDEAよりも広い概念をもつ。IDEAにおいて適合性が認められている子どもは、504の対象でもあるが、その逆は必ずしも該当しない。 事故等、一時的な障害も入りうる。さらには、22歳以上、親が障害をもっている場合なども入る。基準としては、1つ、またはそれ以上の生活（活動）に制限がおきる（永遠、または一時的）場合としている。

例えば、IDEAの対象となっているLD（学習障害）やADHD（注意欠陥／多動性障害）、視覚障害、聴覚障害等の診断のある子どもに必ず作成されるIEPの中には、「この子は○○の困難さがあるため、○○といったアコモデーションを行う必要がある」と明記されます。

それでは、日本においてはどのようにこうした概念が捉えられているのでしょうか。

国連の「障害者の権利に関する条約」の締結に向けた国内法整備の一環として、全ての国民が、障害の有無によって分け隔てられることなく、相互に人格と個性を尊重し合いながら共生する社会の実現に向け、障害を理由とする差別の解消を推進すること」を目的として、2003（平成25）年6月、「障害を理由とする差別の解消の推進に関する法律」（いわゆる「障害者差別解消法」）が制定され、2006（平成28）年4月から施行されています。

この中で重要になってくるのが、障害のある人もない人も平等な機会を確保するため、合理的な変更や調整等を提供するという「合理的配慮（reasonable accommodation）」の考え方です。教育においても、障害のある人から何らかの配慮を求める意思の表明があった場合には、合理的配慮を提供することが義務になっています。

発達障害のある子どもについては、内容自体の変更や評価基準の変更、いわゆるモディフィケーションではなく、内容へのアクセスの仕方の調整、つまりアコモデーションの提供により、本来有する能力を発揮できる可能性も増すことでしょう。

また、提供する側もモディフィケーションではなく、アコモデーションであれば、より高い実施可能性を感じることもあるかもしれません。大切なのは、私たちが、こうした概念をしっかりと整理・認識し、子どものニーズに応じて柔軟に、かつ可能な限り応じようとすることなのではないでしょうか。

第2章

子どもを知るところから スタート

―実態把握（アセスメント）―

この章では……

子どもについての情報を
あらゆる角度から集める
実態把握（アセスメント）のプロセスでのポイント、
その際に使用可能なツールなどについてみていきます。

実態把握（アセスメント）でのポイント

このプロセスでのポイントをみていきましょう。

表2-1　実態把握（アセスメント）でのポイント

① 子どもがつまずいている領域を発見する

② 子どもがつまずいている課題を発見する

③ 子どもがどこまで習得しているかを把握する

④ 子どもの強い力を発見する

⑤ 課題を遂行しているときの子どもの様子について把握する

⑥ 子どもがつまずいている要因を推定する

⑦ どの部分で支援を必要としているかを把握する

⑧ 子ども本人のニーズを把握する

⑨ 保護者のニーズを把握する

このプロセスでとらえること－「えがお君の場合」－

通常の学級に在籍する「えがお君（5年生）」の担任の先生は、えがお君の個別の指導計画を作成しています。先のポイントにしたがって、「えがお君の実態把握（アセスメント）」はどのように行われているでしょうか。

表2-2　えがお君の「実態把握（アセスメント）」の例

5年生のえがお君は、「書く」「推論する」領域につまずきがある。（→ポイント①）

「書く」では、漢字を正確に書くことや作文が難しく、「推論する」では図形の問題が困難である。（→ポイント②）

2年生までの漢字は習得している。作文も気持ちの表現などは豊かだが、限られた量の文になりがちである。図形については、概念を表すことばの理解はできているが、形の構成・分解、模写が難しい。（→ポイント③）

えがお君は、ことばの理解や表現は得意である。（→ポイント④）

学習に対して意欲はあるのだが、自分の思うようにはかどらないと「どうせできない」と言って、あきらめてしまうことも多い。不器用さもある。（→ポイント⑤）

このつまずきの背景には「目と手を協応させる力」「（漢字を）正しく認知したり、記憶したりする力」「（形を）とらえたり、頭の中で操作したりする力」の弱さがあるもしれない。（→ポイント⑥）

こうみると、「運動面の問題」「形の認知や記憶、操作」に関して、支援を必要としているようだ。（→ポイント⑦）

本人も漢字が書けないこと、短い作文しか書けないことを気にしている。（→ポイント⑧）

保護者も支援の方法がわからないこと、自信を失ってきていることに対し危惧している。（→ポイント⑨）

なぜアセスメントが必要なのか

学習のつまずきと言ってもその様相は様々です。十人いればその分だけの状態像を示します。そこで、どういうところでつまずいているのか、習得している力は何かなど、把握していくことが必要になってきます。アセスメントとは、このようにいろいろな角度から情報を集めていくプロセスのことを言います。テストやその子のノート、保護者からの情報等、あらゆるところに有益な情報は満ちています。

例えば、「平仮名が書けない」といったことを訴えた子どもがいるとします。そこで「平仮名が書けないのだったら、書き順を意識させた書き方を指導しては？」、「もっとマス目の大きいものを用意しては？」など、ともするとすぐに書くことへのアプローチに走ってしまいがちです。しかし、図 2-1のように、国語に関係する力の中では書く力は最も高次な力であり、その力が備わるためには土台である読みの力や、話したり聞いたりする力をつけなければなりません。

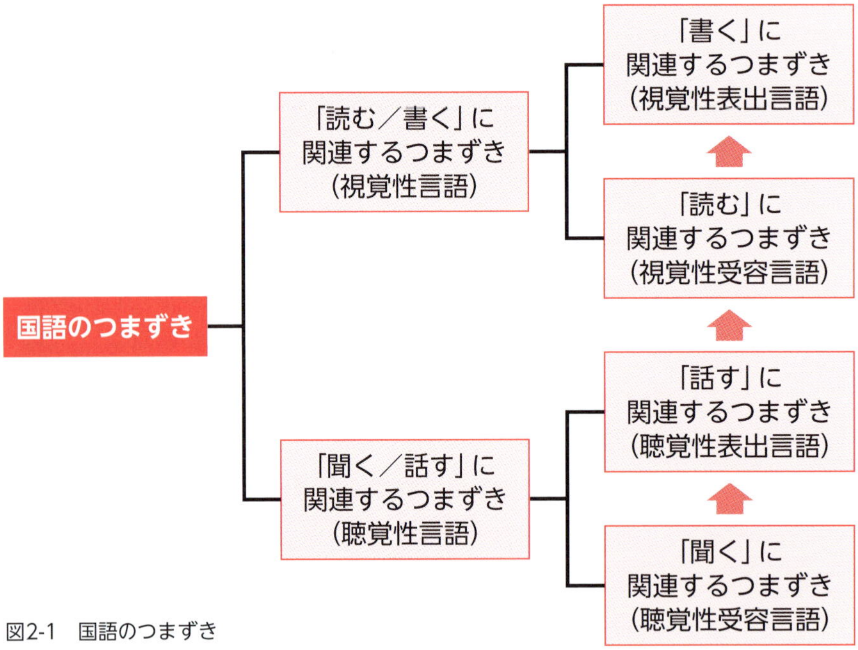

図2-1　国語のつまずき

また、「平仮名が書けない」といったとき、①まったく思い出せない、②書けるが、雑だったり、曲がっていたりする、③似たような形の文字と書き間違える（例：めとぬ、わとれ）、④似たような音の文字と書き間違える（例：いとり、きとち）等、つまずきのパターンも多様です。例えば、①や③、④のつまずきをもつ子どもに、マス目の大きいプリントを用意したとして、それにより書きやすくなったとはしても、書けるようになるとは限りません。つまり、その子が必要としている支援とは言えないかもしれません。本当に必要としている支援を届けるためにも、このようなアセスメント（実態把握）が不可欠なのです。

子どものつまずきを把握するツール

子どもがつまずいている課題をどのような視点で把握したらよいか、頭を悩ませるところです。

例えば、学力のアセスメントとして考えられるものには、図 2-2のようなものがあります。

そこで、ここでは具体的に、子どもがつまずいている課題や、子どもがどこまで習得しているかを把握する際の視点を提供する一つのツールを紹介しましょう。

巻末資料の使い方「学習領域スキル別つまずきチェックリスト」

「学習領域スキル別つまずきチェックリスト」は、2段階式になっています。まず、大きなチェック項目（数字のチェック項目）についてつまずきがみられるか否かをチェックし（つまずきがみられる場合に○印をつける）、つまずきがみられる場合のみ、その下に構成されている小さなチェック項目（アルファベットのチェック項目）でつまずきの内容をさらに詳しく把握するようになっています。つまずきがみられる場合には、その頻度に応じて○印（たいていみられる場合）、△印（ときどきみられる）でチェックをしていきます。

ここでチェックされた項目を、目標として取り上げていくという方法もあります。

ここでは、えがお君の場合を例（表 2-3～2-4）にみてみましょう。

気づきの段階でできること

- 授業や休み時間などの子どもの様子をじっくり観察してみる
- 子どものノートや作品をじっくりみてみる
- 他（例：専科）の先生や保護者から子どもの様子を聴いてみる
- チェックリストをつけてみる
（場合によっては他の先生や保護者にもつけてもらう）

↓

さらに詳しい確かめが必要なとき

↓

包括的に水準をおさえたいなら……

- 標準学力検査（相対的な位置をとらえる）
- 到達度学力検査（目標に対しての到達度をとらえる）

↓

1つの領域に焦点を当てておさえたいなら……

「聞く」領域

- 聴写（正確な音の認知についてとらえる）※聴写：聴いたことを書き取らせる課題

「話す」領域

- 発表（発音、語い、文法、表現などについてとらえる）

「読む」領域

- 読書力検査（読みのどこが得意（苦手）かをとらえる）
- 音読（聴覚や視覚的な認知についてとらえる）

「書く」領域

- 視写（文字の正確な認知、運筆についてとらえる）
- 作文（表記、文法、表現などについてとらえる）

「計算する」「推論する」領域

- 計算（数／量概念、演算スキルについてとらえる）
- 図形（形の正確な認知、操作についてとらえる）
- 文章題（論理的な思考についてとらえる）

図2-2　学力アセスメント

表2-3　えがお君の「学習領域スキル別つまずきチェックリスト（書く）」の結果

資料Ⅰ-2-a

学習領域スキル別つまずきチェックリスト―国語

対象：　　年　　組（名前）　　　　**記載日：　　年　　月　　日**

記載者：

チェック	〈Ⅳ．書く〉	チェック	習得学年
○	**12．文字を書くのに困難がみられる**	チェック	
	a．平仮名の書き間違いがある （例：鏡文字「く」→ ＞ を書く、形態的に似ている「い」と「り」を間違う）		
	b．片仮名の読み間違いがある （例：鏡文字「テ」→ テ を書く、形態的に似ている「シ」と「ツ」を間違う）		
	c．習った漢字が書けない　→付表「学年別漢字配当表」参照	○	
	d．漢字の書き間違いがある （例：細かい部分を書き間違える・・・　「赤」→ 赤 へんとつくりを反対に書く・・・　「粉」→ 分米 意味的に関連のある漢字と書き誤る・・・「入」→「出」）	○	
	e．書く時の姿勢や、鉛筆などの用具の使い方がぎこちない	○	
	f．字の形や大きさがうまくとれなかったり、まっすぐに書けなかったりなど、読みにくい字を書く	○	
	g．独特の筆順で書く	△	
	h．文字を写すのが難しい（例：黒板に書いてあることを写すのが遅い）	○	
	13．単語を正確に表すことに困難がみられる	チェック	
	a．文字の順序を書き間違えたり（例：とおまわり→とおわまり）、混同したり（例：にぐるま→にじまる）して書く		
	b．文字を抜かしたり（例：しかい→しか）、余分な文字を加えたり（例：せんせい→せんせいい）する		
	c．長音（例：おうさま→おおさま）、促音（例：がっこう→がこう）や、拗音（例：でんしゃ→でんしゅ）、拗長音（例：せんしゅう→せんしょう）などの特殊音節を含む単語を間違えて書く		
○	**14．文を書く上での基本的な構造の理解に困難がみられる**	チェック	
	a．主語、述語の文が作れない、順序がおかしいなど、文の組み立てが理解できていない		
	b．「は」、「を」、「へ」など、助詞を適切に使うことができない		
	c．。、「」などの符号を正しく使うことができない	△	
○	**15．文章を書くのに困難がみられる**	チェック	習得学年
	a．思いつくままに書き、筋道の通った文章を書くことができない		1
	b．事実の羅列のみで内容的に乏しい		1
	c．限られた量や、決まったパターンの文章しか書かない	○	1
	d．修飾と被修飾との関係に注意して書くことができない		3
	e．指示語や接続語の役割と使い方に注意して書くことができない	△	3

表2-4　えがお君の「学習領域スキル別つまずきチェックリスト（図形）」の結果

資料Ⅰ-2-c

学習領域スキル別つまずきチェックリスト―算数

対象:　　年　組（名前）　　**記載日:　　年　月　日**

記載者:

チェック	〈Ⅱ. 図形〉		
○	**10. 図形を理解したり、構成したりすることに困難がみられる**	チェック	習得学年
↳	a. 前後、左右、上下など、位置や空間の概念を表すことばの意味が理解できない		1
	b. 形を構成したり、分解したり[(2)]することができない （例:  は  がいくつでできているかといった問題を解くことができない）	○	1
	c. 図形を模写することができない	○	1
	d. 図形の弁別ができない （例: 似たような図形のグループの中から、同一の図形を探し出すことができない）	△	1
	e. 図形を構成する要素（例: 辺、頂点[(2)]、直径　、半径[(3)]）や 構成要素間の関係が理解できない		2
	f. 三角定規やコンパスなどの器具を用いて図形を描き出すことができない	○	3
	g. 立方体や直方体といった立体図形について理解できない （例: 頂点や面がいくつあるかがわからない）		4
	h. 立方体や直方体といった立体図形の展開図や見取り図などを描くことができない		4

＊上付きカッコ内の数字（例: [(3)]）は、その内容を扱う学年を示す。

子どものつまずきの要因を探る

子どものつまずいている要因を探っていくことは、支援をどのようにするかを考えていく上で非常に重要です。しかし、その背景要因を断定するのは容易なことではありません。したがって、ここでは、「推定」で構いません。「もしかしたら、このつまずきの背景には、○○が要因にあるかもしれない」といった仮説をもつことが大切なのです。そのような仮説でまずは始めてみて、子どもとのやりとりを進めていく中で、必要に応じて修正していけばよいのです。

そこで、「聞く」「話す」「読む」「書く」「計算する」「推論する」といった領域ごとに、つまずきとその背後にあると思われる主なつまずき要因についてみていきます（資料参照）。ただし、つまずきに一つの要因のみがかかわっていることはむしろ少なく、実際には複数の要因が相互に関連し合っていることが考えられます。こうした丁寧な要因の分析が、効果的な指導を行うためには不可欠です。

ここでは、えがお君がつまずきを示した「書く」「推論する」領域についてのつまずき要因（図 2-3～2-4）についてみてみましょう。

資料Ⅰ-3

学力のつまずき要因

Ⅳ．書く

〈つまずきの例〉		〈要因〉
聴写すると書き誤る。 鏡文字がある。 文字の順序が入れ替わったりする。	←	文字や語を正しく認知する力 音から文字を想起する力
助詞（「は」「を」「へ」など）を適切に使うことが難しい。 思いつくままに書き、筋道の通った文章を書くことが難しい。 決まったパターンの文章しか書かない。✓	←	文法的な構成力 状況に合わせて表現する力
文字を視写することが難しい。✓ 読みにくい字を書く。✓ 書くときの姿勢や、鉛筆等の用具の使い方がぎこちない。✓	←	目と手を協応させる力 運動能力
漢字を書く際、上下や左右が入れ替わる。✓ 漢字の細かい部分を書き間違える。✓	←	（漢字を）正しく認知したり、記憶したりする力

図2-3　えがお君の「学力（書く）つまずき要因」

資料Ⅰ-3

学力のつまずき要因

Ⅵ. 推論する

〈つまずきの例〉　〈要因〉

因果関係の理解が難しい。
内容や形式、やり方などの変化に応じることが難しい。
問題を解く際、ストラテジー（方略）を駆使することが難しい。

← 論理的な思考力

形を構成したり、分解したりすることが難しい。✓
図形の見取り図や立体図を描くことが難しい。
表やグラフにまとめることが難しい。

← 形をとらえたり頭の中で操作したりする力

時間の概念を表すことばの理解が難しい。
位置や空間を表すことばの理解が難しい。

← 言語的な理解力

量を比較することが難しい。
ものさしなど計器のもつはたらきや、目盛りの構造の理解が難しい。
量を表す基本単位についての理解が難しい。

← 抽象的な思考力

図2-4　えがお君の「学力（推論する）のつまずき要因」

column 3 子どもの状態像を多角的に探る ―アセスメントの重要性―

みなさんは、「アセスメント」という言葉にどのようなイメージを抱かれるでしょうか?

ここでちょっと想像してみてください。誰か大切な人に贈り物をするとします。さて、何を贈りますか?きっとあれこれ頭を悩ませることと思います. 例えば、「○君は、時計を持っていなかったので時計を贈ろう。4月から高校生になるのできっと必要だ。洋服はいつもブルーやグリーンを着ているから、時計のベルトの色は寒色系がいいかもしれない。サッカーが大好きだから、多少の振動にも耐えられるスポーツタイプの物にしよう……」。

このように、贈り物を選ぶにあたっては、目的(意図)や、その人の好み等、あらゆる面の情報を総合し、考え、決定していくのではないでしょうか。それでは、なぜこのような過程を踏むのでしょうか? その答えはもちろん、自分の大切な人の役に立ち、ピッタリしていて、喜んでもらえる贈り物をするためです。

実は、アセスメントについてもまったく同じことが言えると思います. すなわち、子どもについての情報を様々な角度から集め、それらの情報を統合し、その子にとって有効な支援の形とは何かを探っていくことがアセスメントだからです。

特別な教育的ニーズのある子どもたち、特にLD等、発達障害のある子どもは、何らかの支援(贈り物)を必要としていながらも、どうして支援が必要なのか、どのような支援が必要なのかがみえにくく、その子に合った支援を用意することが難しいことが少なくありません。そこで多角的なアセスメントが必要になってきます。つまり、子どもについての情報をいろいろな角度から集め、整理していく作業、「子どもの真の状態像へ迫っていくプロセス」です。

アセスメントを考える際の観点

①フォーマル・アセスメントとインフォーマル・アセスメント

アセスメントと聞くと、○○検査、△△検査といったように、標準化されたもののみを思い浮かべる方もいるかもしれません。確かに、フォーマル・アセスメントは、標準化されているので、信頼性や妥当性も保証されています。子どもに関わる人たちとの情報共有の面でも、共通した基準でみられるので誤解が生じにくいというのも強みです。

しかし、実は、先生方が日々行っていることの中にも、貴重なアセスメントの機会はたくさんあります。例えば、「授業時や、個別場面での子どもの様子の観察」「子どものノートや提出作品」「教師自作テストへの反応」等はインフォーマル・アセスメントとして挙げられる一例でしょう。

確かにこれらは主観的になってしまったり、ともするとアセスメントの視点(どの点をみていけばよいか)が明確でないため、貴重な情報を活かしきれなかったりもするかもしれません。一方で、日々の教育活動の中で行うことができるため、視点さえおさえられれば、アセスメントと指導・支援とが直結でき、非常に有効なアセスメントになり得ます。

②直接的アセスメントと間接的アセスメント

直接的アセスメントとは、子どもに直接行うアセスメント、間接的アセスメントとは、子どもに関する情報について間接的に収集するアセスメントということができます。

直接的アセスメントは、子どもに直接行うので、子どもの本当の力や特性をより反映しやすい点が優れた点です。一方、子どもに直接行うための環境づくり等(いつ、どこで、どのように行うか)を、綿密に整えなくてはなりません。

間接的アセスメントは、子どもをよく知る人が、子どもの様子を思い浮かべながら実施するので、時間や場所等を気にせず、比較的簡便に実施することが可能です。ただし、本当にその子の特性を反映できているのか、評価する人の主観に委ねられてしまうことも否めません。

③大切なのは「アセスメントで何を知りたいか」と「アセスメント結果をどう生かすか」

アセスメントにはいろいろな特徴があることをみてきました。万能なアセスメントはないため、各々のアセスメントの限界を踏まえながら、どのようなアセスメントを用いるかを決めてきます。

その際、「アセスメントで何を知りたいか」「アセスメント結果をどう生かすか」を常に考えなければなりません。

仮に、「標準化されたテストを用いたい」と思っても、なかなか環境が整わないときには、そこで足踏みするのではなく、「今、できる方法を考える」ことも大切です。

子どもが書いたもの、子どもの声は、私たちに多くを語ってくれます。目を凝らし、耳を傾けることで、おのずと指導・支援のヒントはみえてくるように思えます。その子に合った支援（贈り物）を用意するには、その子をよくみつめる（アセスメントする）ことが不可欠です。

本書の巻末には、「学習領域スキル別つまずきチェックリスト」があります。どのような視点をもって、日々の子どもの学習活動をみていけばよいかの視点になるでしょう。

くわえて、ここでは、やはり子どもの学習活動をみていく際の視点として活用できる標準化されたチェックリストLDI-Rを紹介します。間接的アセスメントであるため実施が比較的簡便であり、また標準化されているので関係者間で共通したイメージをもつのにも有益です。

LDI-R（エルディーアイ・アール：LD判断のための調査票）

LDI-Rは、LDの主な困難領域である学習面の特徴を把握するための調査票です。2005年に小学生を対象としたLDIが出版され、その後、2008年には中学生用の調査項目が追加された改訂版LDI-Rが出版されました。調査項目は、LDの定義（当時、文部省、1999）に沿った基礎的学力の領域（「聞く」「話す」「読む」「書く」「計算する」「推論する」、中学生版はこれに加え「英語」「数学」）と「行動」「社会性」を合わせた小学生8領域、中学生10領域から成っています。

具体的に質問項目を挙げると、「聞いたことをすぐに忘れる（聞く）」「たどたどしく話す（話す）」「音読が遅い（読む）」「独特の筆順で書く（書く）」「簡単な計算が暗算でできない（計算する）」「図形を模写することが困難である（推論する）」「bとd、pとqなど似たような文字を読み間違える（英語）」「正の数・負の数の四則計算に困難がある（数学）」「忘れ物やなくし物が多い（行動）」「人からどう見られるか、人がどう感じるか無頓着である（社会性）」等があります。各領域につき、12項目（「数学」のみ8項目）の質問項目で構成されています。

LDI-Rによってわかること

LDI-Rの質問項目と対象の子どもの状態像とを照らし合わせ、回答者はその特徴が「ない」「まれにある」「ときどきある」「よくある」の4段階で評価していきます。そして、領域ごとの粗点合計からパーセンタイル段階（PL）を求めます。PL1（50パーセンタイル未満）は「つまずきなし」、PL2（50パーセンタイル以上75パーセンタイル未満）は「つまずきの疑い」、PL3（75パーセンタイル以上）は「つまずきあり」として評定されます。求めたパーセンタイル段階をプロフィール図にプロットし、線で結ぶと、子どもの個人内差（子どもの中での凸凹）が視覚的に捉えられるようになっています（図2-5）。

プロフィール判定の基準に沿ってA型からG型までで判定を行い、最終的にLDの可能性の高さをみていくことになります（プロフィール判定に用いられるのは、「聞く」「話す」「読む」「書く」「計算する」「推論する」「英語」「数学」のみ）。

A型、B型は、「つまずきあり」「つまずきややあり」「つまずきなし」のすべての領域、または、「つまずきあり」「つまずきなし」の領域がみられることか

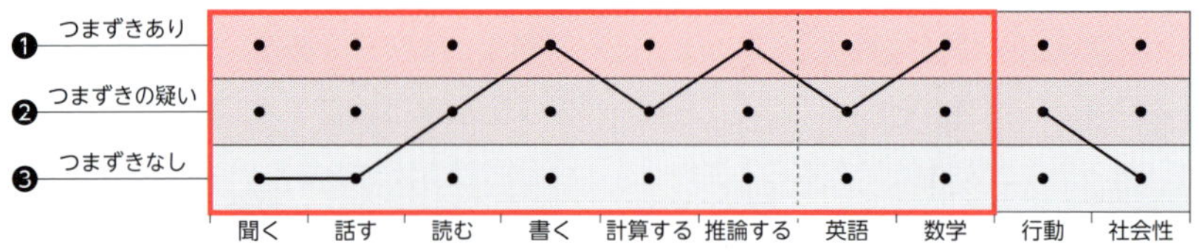

図2-5　LDI-Rにおけるプロフィールの例（中学生）

ら、個人内差が大きいと考えられ、「LDの可能性が高い」と判定されます。一方、C型（「つまずきあり」「つまずきややあり」の領域があるが、「つまずきなし」の領域はない）、D型（すべての領域が「つまずきややあり」）、E型（「つまずきややあり」「つまずきなし」の領域があるが、「つまずきあり」の領域はない）は、つまずきは認められますが、領域間の個人内差がそれほど明らかでないため、LDの可能性の高さを言及するには至らず「LDの可能性はある」と判定されます。残るF型（すべての段階が「つまずきがあり」）、G型（すべての段階が「つまずきなし」）は、全般的な遅れを示唆するプロフィールであったり、他方、学習におけるつまずきはみられないプロフィールであったりするため、ともに、「LDの可能性は低い」と判定されます。ただし、ここで「LDの可能性が高い」という結果が得られたとしても、LD以外の発達障害の可能性も考えられるため、プロフィール判定の際には用いなかった「行動」や「社会性」領域の評定結果等も含めて評価していくことが重要になります。

上野一彦・篁倫子・海津亜希子（2008）LDI-R-LD判断のための調査票ー手引き. 日本文化科学社

column 4　発達障害のある子どもの学習の基礎と応用のアンバランス
—つまずきを見落とさないアセスメントの工夫—

発達障害のある子どもは、文章を理解したり（読解）、創作したりする（作文）課題で著しい困難を示すことがあります。このようなつまずきの背景には、しばしば、単語の認識や、書字のような学習の基礎となる力の未習得が影響しています。ところが、単語の認識や、書字のスキルは比較的良好であるにもかかわらず、読解や作文の課題でつまずいてしまう子どもたちがいます。なかには、読解や作文は著しく困難であるにもかかわらず、非常に優れた読字や書字のスキルをもっている子どももいます。

学習の基礎と応用にアンバランスのある、このような子どもたちについては、そのつまずきや教育的ニーズのアセスメントをより精緻に行うことが必要になります。なぜなら、読み書きの基礎の習得が、必ずしも読解や作文の習得といったより高次な力につながっていない可能性があるからです。

しかし、既存の学習に関するアセスメントツールには、読解や作文のような課題を分けずに「読む」や「書く」の領域を全体として評価するようになっているものが少なくありません。例えば、文部科学省による「通常の学級に在籍する発達障害の可能性のある特別な教育的支援を必要とする児童生徒に関する調査」等（2003、2012）の学習のつまずきに関するチェックリストは、「読む」「書く」「聞く」「話す」「計算」「推論」の6つの領域で構成されています。しかし、読解や作文の内容は、「読む」と「書く」の領域（全5項目）の中に、それぞれ1項目の質問が入っているだけで、各側面を分けて評価できるようにはなっていません。このような構成では、特に、アンバランスが顕著な子どもの場合、読解や作文のつまずき・ニーズは見落とされてしまう可能性があります。

そこで、このことを確かめるために、本書の中にある「学習領域スキル別つまずきチェックリスト」のうち、「文章の内容を理解する」に関わる項目と、「文章を書く」に関わる項目を、それぞれ「読解」と「作文」の領域として、文部科学省のチェックリストの指標と比較を行ってみました。対象としたのは、小学校の通常の学級の先生が回答した児童321名（発達障害の可能性のある児童は除く、以下「通常群」と略す）、通級による指導の担当の先生が回答した発達障害の可能性のある児童132名（以下「通級群」と略す）です。

まず、通常群と通級群で別々に各指標間にどのくらい強い相関があるかを検討しました。学習間のアンバランスが強くなれば、各指標間の相関は、より弱くなることが予想されます。表2-5に示したように、両群とも各指標の間には、“かなりの相関”、あるいは“強い相関”があることがわかりました。ところが、両群を比較してみると通級群の相関がより弱いことが明らかになりました。つまり、通常群、通級群どちらの群であっても、学習の各側面は相互につながりをもっている一方で、発達障害の可能性のある子どもの場合、学習間の習得の歩調にずれが生じやすいことを示唆していると考えられます。

次に、「読む」と「読解」、「書く」と「作文」、「計算」と「推論」の3つの基礎と応用のペアで、その側面の差がより大きい子どもの割合（標準得点で1.5標準偏差［SD］以上）を算出しました。表2-6のように、通常群では、いずれのペアの場合も、1%未満の子どもしか基準に該当しませんでしたが、通級群では4.7～9.0%といったかなり多くの子どもがこの基準に該当しました。なかでも「読解」「作文」「推論」の応用面のつまずきが相対的に大きいケースが多く、またASD（自閉症スペクトラム）のある子ども（12.5～16.7%）でその傾向が強いことがわかりました。

最後に、通級群の下位グループ別に標準得点（平均50点、1SD 10点）の平均値を比較しました。図2-6のようにADHDやLDのグループは、学習のいずれの側面でも得点が60点以上と通常群と比べて高く、全体的につまずきが大きいことがわかりました。一方で、ASDのグループでは、「読む」「書く」などの基礎的学力は通常群とあまり差がなかったのですが、それにもかかわらず、「読解」「作文」などの応用に関しては、他のグループと同じく高い得点となりました。すなわち、表2-6の結果と同様、ASDのグループでは、応用面のつまずきが基礎と比べて顕在化する子どもがおり、また、このような特性は、一側面の評価（アセスメント）だけでは十分に捉えられないことを意味していると考えられます。

以上のことにより、次の3つのことが確認できました。

1つ目は、発達障害のある子どもであっても、他の子どもと同様に、学習の各側面は相互につながりをもっているため、「読む」「書く」「計算」領域における基礎的なつまずきは、「読解」「作文」「推論」といった応用の側面にも影響している可能性があるということです。

2つ目は、一部の子どもでは、学習の基礎と応用の間に顕著な差が認められるということです。とりわけ、ASDのある子どもでは、基礎の部分は比較的良好であるにもかかわらず、「読解」や「作文」のような応用の側面で困難さが目立つケースが一定数いることが確認できました。

3つ目は、そのような学習のアンバランスは、「読む」や「書く」のような領域の全体的な評価、つまり、基礎の一側面だけの評価では十分に把握できない可能性が高いということです。

文部科学省（2003、2012）の学習面のつまずきチェックリストは、質問項目の数が限られており、簡便に多くの子どもの特性やニーズを把握できるので、学校現場でも活用しやすい有用なアセスメントツールの一つといえます。しかし、そうした簡易なアセスメントのいくつかは、学習の基礎と応用の側面の違いを的確に把握できない可能性があることにも留意する必要があります。より個々の教育的ニーズに応じた支援を充実させていくためには、学習の基礎と応用の側面でアンバランスが生じてしまう子どもが存在することを忘れてはなりません。必要に応じて読解や作文などの応用の側面のアセスメントも行えるように準備をしておくことが重要です。本書巻末資料にもある「学習領域スキル別つまずきチェックリスト」は、そのような点でも活用できるといえるでしょう。　（玉木宗久）

表2-5　各指標間の相関係図（r）

	読む	読解	書く	作文	計算	推論
読む	–	.85	.79	.85	.76	.85
読解	.67	–	.70	.86	.79	.86
書く	.68	.49	–	.81	.64	.76
作文	.68	.80	.58	–	.73	.83
計算	.67	.61	.59	.51	–	.89
推論	.69	.73	.60	.67	.70	–

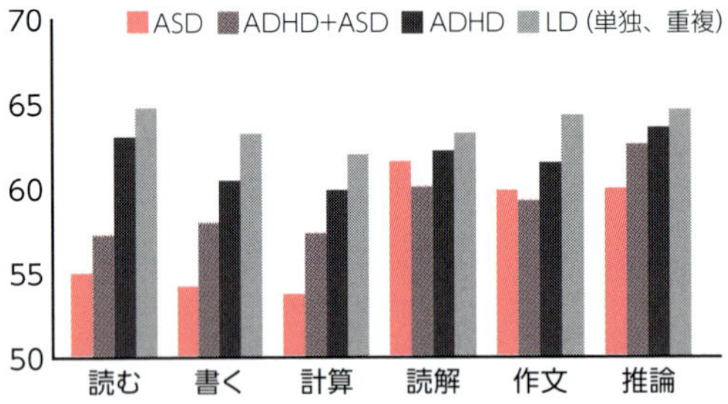

注）得点が大きいほど、つまずきが大きいことを示す。

図2-6　通級群下位グループ別にみた標準得点（平均50点、1SD10点）の平均点

表2-6　1.5SD以上差がある子どもの割合（%）

	割合（%）	
	読む＞読解	読む＜読解
通常群	0.3	0.3
通級群	1.6	3.1
ADHD	0.0	0.0
ASD	0.0	12.5
ADHD+ASD	0.0	0.0
LD（単独、重複）	4.2	2.0
	書く＞作文	書く＜作文
通常群	0.3	0.6
通級群	1.6	6.2
ADHD	0.0	0.0
ASD	0.0	16.7
ADHD+ASD	2.8	8.3
LD（単独、重複）	0.0	8.2
	計算＞推論	計算＜推論
通常群	0.0	0.0
通級群	0.0	9.2
ADHD	0.0	0.0
ASD	0.0	16.7
ADHD+ASD	0.0	11.1
LD（単独、重複）	0.0	8.2

文部科学省（2003）今後の特別支援教育の在り方について（最終報告）. http://www.mext.go.jp/b_menu/shingi/chousa/shotou/054/shiryo/attach/1361204.htm（2017年3月1日確認）
文部科学省（2012）通常の学級に在籍する発達障害の可能性のある特別な教育的支援を必要とする児童生徒に関する調査結果について. http://www.mext.go.jp/a_menu/shotou/tokubetu/material/__icsFiles/afieldfile/2012/12/10/1328729_01.pdf（2017年3月1日確認）

第3章

指導・支援がめざす方向は
—目標の設定—

この章では……

実態把握（アセスメント）の結果を受けて、
どういうことをめざしたいか、
大まかな目標の方向性を決めていく段階に
入ります。

目標の設定でのポイント

ここでのポイントをみていきましょう。

表3-1　目標の設定でのポイント

① 目標の優先順位を決める
② 基本的なつまずきからアプローチする
③ 他の領域や課題への影響を考慮する
④ 次につながるような目標を設定する
⑤ 日常生活・社会自立といったことを考慮する
⑥ 子ども本人のニーズを考慮する
⑦ 保護者のニーズを考慮する
⑧ 立てた目標について他の人の意見を聞く

このプロセスでとらえること —えがお君の場合—

先のポイントにしたがって、「えがお君の目標の設定」は、どのように行われているでしょうか。

表3-2　えがお君の「目標の設定」の例

実態把握（アセスメント）では、「漢字が正確に書けないこと」「いつも短い作文になってしまうこと」「図形問題が苦手なこと」がつまずきとしてあがった。中でも、特に本人が困っているのが、「週一度の漢字テストで点がとれないこと」「平仮名だけの短い作文になってしまうこと」であった。そこで、これらの解決を優先させることにした。（→ポイント①）

漢字については、「週一度のテストに出題される漢字の習得」とともに、「3年生レベルの漢字の復習」から始めることにした。作文については、「内容をふくらませるためのスキルの習得」を具体的に指導することにした。（→ポイント②）

漢字を覚える際、本人の得意なやり方をみつけることができれば、形の理解といった点で共通する図形領域の理解にも応用できるのではないだろうか。（→ポイント③）

また、現時点では漢字の書きについて取り組んでいこうと思うが、将来的には、必ずしもすべての漢字を書くことができなくてもワープロ機能等を用いて（漢字変換しながら）文章を書くことができるようになればと思う。（→ポイント④）

本人がもっている不器用さの問題と合わせて考えてみても、ワープロ機能の使用等、代替手段の利用は、日常生活・社会自立の面で有用だろう。（→ポイント⑤）

これらについて取り組むことは、子ども本人や保護者のニーズとも合致していると思われる。（→ポイント⑥⑦）

このような目標の方向性について、本人や保護者へはもちろんのこと、チームティーチングで入っている先生や通級の先生たちとも話し合ってみた。（→ポイント⑧）

いろいろなレベルの目標

目標とひとくちに言っても、いろいろなレベルがあります。例えば、「長期目標」と言われるものは、いわば大きな目標であり、およそ1年間を期間として立てる目標です。「短期目標」は、小さな目標で、かなり、具体的です。学期や月など短い期間で立てる場合が多いようです。さらに、「授業目標」は、日々の授業の目標とも言えるでしょう。（短期目標や授業目標は、教科の単元と関連させて立てることも可能です）

これらは相互に関連しながらも、階層的になっています。最終的には、長期目標（ゴール）の達成をめざして、具体的に設定された短期目標等の小さな目標を着実に達成していくことになります。

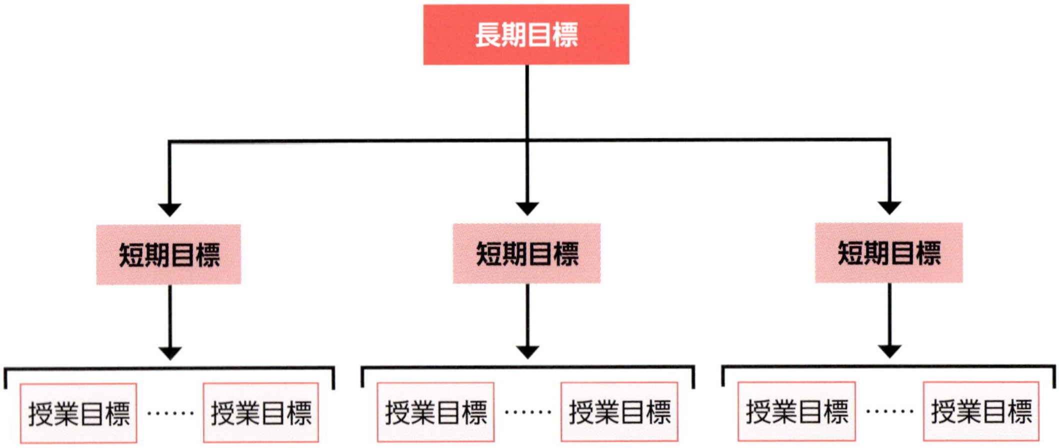

図3-1　さまざまなレベルの目標

目標として取り上げる領域

本書では、特に学力に焦点を当てていますが、その他にもいろいろな領域が個別の指導計画の中では取り上げられます（表3-3）。このように、個別の指導計画を立てていく際は、子どもの状態像を総合的にみていくことが求められます。

表3-3　個別の指導計画で取り上げられる主な領域

学力（「読む」「書く」「計算する」など）
認知（「抽象的思考」「記憶」など）
心理（「不安」「自尊感情」など）
社会性・行動（「対人関係」など）
言語・コミュニケーション（「自己表現」など）

長期目標の設定の仕方

いきなり詳細に目標を立てるのは容易なことではありません。逆に、その時々の状況で目標を立てていたのでは、体系的な指導にはなり得ません。

そこで、まずは大まかな目標の方向性を定めていきます。これが「長期目標」に当たります。以下の用語は長期目標でよく用いられるものです。

表3-4　長期目標でよく用いられる語

……知る
……理解する
……応用する
……使用する　など

そこで、上記の語を用いた具体的な長期目標の例をみていきましょう。

表3-5　長期目標の例

読み

- ことばの意味を知る
- 書かれている文章の内容を理解する
- 文章を読む際、読み飛ばさないよう指でたどりながら読むなどのスキルを、テスト場面で応用する

書く

- 書く際の手順を知る
- 文法的なルールを理解する
- 自分の言いたいことを論理的に示すなどのライティングスキルを、レポートを書く場面で応用する

算数・数学

- 算数に出てくる用語や記号の意味を知る
- 概念やプロセスを理解する
- 概念やプロセスの理解を実際の場面で応用する

理科

- 理科に出てくる用語の意味を知る
- 概念や原理を理解する
- 概念や原理の理解を実際の場面で応用する

目標を考えていく上で大切なこと【前編】

目標を考えていく上で、大切なことをいくつかお話ししたいと思います。

まずは、目標を設定する際は、学習の過程について言及するのではなく、一連の学習を終えた段階で予測される成果・結果について述べるということです。これにより、目標（子どもが獲得をめざすスキル・能力）が明確になります。

また、短期目標でも同じことが言えますが、目標はあくまで子どもの視点に立って設定するということです。かかわる側の指導目標ではありません。

さらに、一つの目標に対して、複数の要素（成果・結果）を盛り込まずに、一つの要素に絞って述べるようにします。これも、目標をより明確化し、確実に達成していくために重要です。

もんだい

①と②のどちらが、目標の表現として適切でしょうか？ また、その理由は何ですか？

1
①基本的な概念について学ぶ
②基本的な概念を新しい問題で応用する

2
①数の概念
②数の概念を理解する

こたえ

1 は②が正解。①は成果・結果というより、学習の過程について述べられています。
2 は②が正解。①は単に学習する内容が述べられているに過ぎず、具体的でありません。

column 5 一人の子どもについて複数の人と話すことの重要さ

子どもについてどう支援したらよいかと行き詰まってしまったとき、先生方は一人で考えたり、悩んだりすることが多いのではないでしょうか。

そのようなとき、他の人とその子について話し合う機会をもつことは非常に重要であり有効です。複数の人と一人の子どもについて話すことで、今までになかった異なる視点が得られたり、新たな要因がみえてきたりします。また、支援に関しても、複数の人とアイデアを出し合うことで、バリエーションが生まれます。

個別の指導計画に関する研修で、個別の指導計画を作成するという演習をその場で構成したチームで行うことがあります。そこで度々耳にするのは、「複数の人と、一人の子どもについて話し合うことが非常に有意義だった」という感想です。中でも、個別の指導計画を初めて作成した先生や、日頃一人で個別の指導計画を作成している先生の多くがそう感じられるようでした。

右のページの図3-2は、チームで子どもの支援について考える際の手順とも言えるものです。

①まず、子どもについての気になること（問題点）を提案します。

②それに対して、他のメンバーが質問をしながら、問題の所在について仮説を立て、必要な情報（さらに集める必要のある情報）を確認していきます。

③それを受けて、話し合いのための情報を用意します。

④情報が集まった時点で、問題の背景となる要因の推定や、指導･支援の方向性を探っていきます。

⑤ここで、いよいよ具体的な目標と評価の基準を話し合います。

⑥実際に指導･支援を行いながら、必要に応じて修正を行っていきます。

⑦そして、最終的に、目標が達成できたかについて評価をしていきます。

基本的な流れは、本書で紹介している個別の指導計画の作成の流れと同じですが、特に初期の段階の「（問題を提示した後）どういう情報を集める必要があるか」「チームで支援に取り組むための問題や目標、支援についての共通認識を図る」点は、チームゆえのプロセスと言えるでしょう。

たとえ、このようなしっかりとした話し合いの場をもつことは難しいにしても、空いた時間を利用して、他の人と一人の子どもについて話すことで、得られるものは決して少なくないはずです。

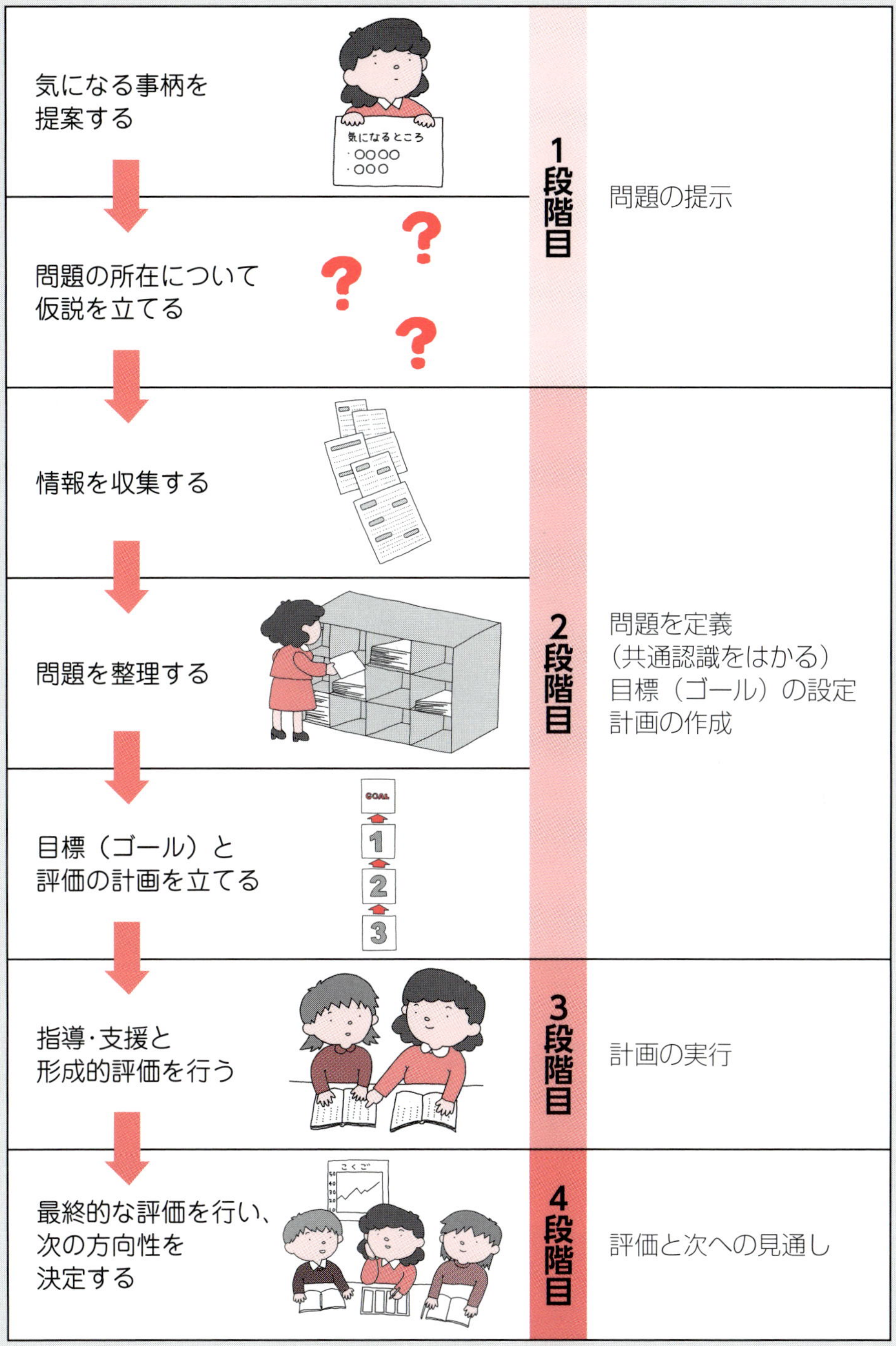

図3-2　子どもの支援を考えるチームアプローチのプロセス

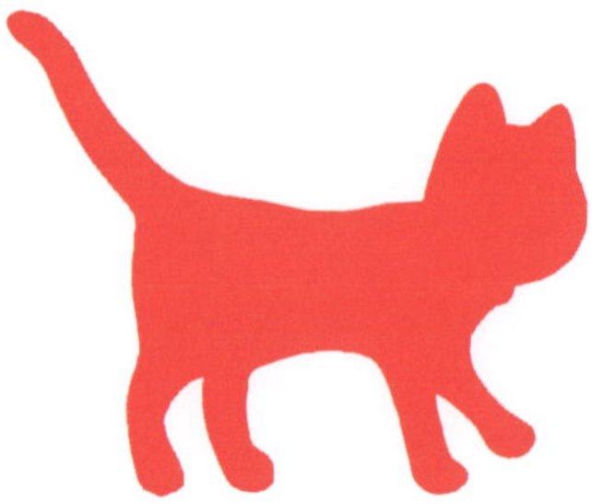

第4章

具体的な指導・支援のマップを描こう
―指導計画の作成―

この章では……

いよいよ具体的な個別の指導計画を立てていきます。
前章では、大まかな目標の方向性についてみてきましたが、
ここではその達成に向けて
いかに具体的な目標に細分化できるか、
そのための指導・支援はどのようにするかについて
考えていきます。

指導計画の作成でのポイント

ここでのポイントをみていきましょう。

表4-1　指導計画の作成でのポイント

① 子ども主体の目標である
② 肯定的な目標である
③ 目標一つにつき、一つの要素にしぼられている
④ 観察および評価（○×）可能な目標である
⑤ 条件が示されている
⑥ 基準が示されている
⑦ 子どもの強い力を利用できている
⑧ 課題の順序が適切である
⑨ 手だての量が適切である
⑩ 必要に応じて、計画の見直しや修正を行う

このプロセスでとらえること —えがお君の場合—

先のポイントにしたがって、「えがお君の指導計画の作成」は、どのように行われているでしょうか。

表4-2　えがお君の「指導計画の作成」の例

えがお君の個別の指導計画を具体的に立てた。

長期目標は「習った漢字を作文の中で使える」「長い作文を書くことができる」にした。

短期目標は「3年生の漢字100字（学年別漢字配当表「悪～神」）について、間違った漢字を示された際、その部分を修正することができる（70％以上）」「クラスの漢字テストで毎回10問中7問は正解する」「指導者によるモデル作文を見た後、（指定された）接続語を使って原稿用紙1 枚分の作文を書くことができる」にした。（→ポイント①②③④⑤⑥）

えがお君は、聞いて覚えることが得意と思われるので、漢字を覚えるときは、ことばによる意味づけや語呂などで覚えられるよう、教材を工夫しよう。（→ポイント⑦）

「書く」領域については、作文の中で漢字を使用できるよう、まずは習得漢字を増やすことをめざしたい。それから、それぞれの漢字を作文の中で使えることをターゲットにしていこう。（→ポイント⑧）

手だての量については、漢字を覚える際の意味づけや語呂のヒント、作文のモデル提示でよいだろう。ワープロ機能の使用については、様子を見ながら導入の仕方を考えることにする。（→ポイント⑨）

計画をもとに指導を展開し、必要に応じて柔軟に見直しや修正を行うつもりである。（→ポイント⑩）

具体的（明瞭）かつ観察・評価可能な目標とは

この段階で言われる目標とは「短期目標」のことを指します。「長期目標」が全体的なフレームワークとすると、「短期目標」はその中に属するより具体的な指針と言えます。

例えば「今年中にフランス一周旅行を達成する」といったことを決めたとします（これが長期目標に当たるでしょう）。それを実現するためには「お金を○月までに○○円貯める」「旅行で必要なフランス語をマスターする」「フランスの生活事情（交通、宿泊、気象、etc.）についての情報を得る」などのプランをあれこれ立てるのではないでしょうか。つまり、最終的な目標達成をめざし、そこにたどり着くための具体的にイメージがわくような目標を立てていくのです。これがまさに「短期目標」と言えます。

そこで、いかに具体的に目標を表現できるかを考えたいと思います。例えば「子どもがかけ算を理解する」といった短期目標を立てたとします。しかし、子どもが理解したかどうかは、子どもの内面で起きていることなので、外からではうかがい知ることはできません。それでは、「かけ算九九をすべて間違わずに言う」「2桁×1桁のかけ算を間違わずに5つ連続で計算する」といった目標の表現にしてみてはどうでしょう？ このような行動に表れる表現方法であれば、観察可能で、複数の人が見てもみな同じ評価をすることができます。

ここでは具体的に、短期目標を設定する際、利用できる語彙（表4-3）について紹介します。これは、ブルーム（Bloom, B. S.）の認知過程における行動に関する語彙を参考にしてあります。学習を「知識」「理解」「応用」「分析」「統合」「評価」といった段階に分け、それぞれの過程での長期目標の例と短期目標として利用できる語彙を挙げています。

表4-3　個別の指導計画の目標として利用できる語彙

	過程	長期目標の例	学習の結果・成果を表す語彙、短期目標として利用可能な語彙例
1 知識	学習した内容を適宜、思い出すことができる。 最も基礎的な段階。	・用語を知る ・方法や手順を知る ・基本的な概念を知る	定義する、記述する 同定する、列挙する 選ぶ、概略を述べる
2 理解	学習した内容の意味を正確に把握することができる。 単に思い出すというより、覚えたことを自分の表現で言い換えることが可能な段階。	・式の意味をことばで説明する ・原理を理解する ・表やグラフを解釈する	説明する、例を挙げる 予測する、要約する 言い換える、書き直す
3 応用	学習した内容を新しい状況や具体的な状況に利用することができる。 理解の段階から一歩進んだ段階。	・概念や原理を新しい状況に応用する ・算数の文章題を解く ・図や表にする	表す、作る、解く 利用する、操作する 予測する、修正する
4 分析	学習した内容を互いがどう関連しているかがわかるよう、要素に分解することができる。 内容面の理解と、全体的な構造面の理解、両方を必要とする。	・事実と仮定を区別する ・データを分析する ・行間を読み取る	細かく分類する 区別する、推論する 指摘する、図示する 関連づける
5 統合	学習した内容を要素に分解し、それを新しい形に再構成することができる。ここでは、新しいことの創造が強調される。	・よくまとまった発表をする ・創造的な詩を書く ・実験の計画を立てる	編集する、組み立てる 一般化する 計画を立てる 再構成する 関連づける、書く
6 評価	学習した内容を与えられた目的のもと、その価値を判断できる。 最も高度な段階。1～5すべての能力を必要とする。	・書かれている内容の論理的な一貫性を評価する ・データと照らし合わせて結果が適切かを判断する ・外的な基準（目的と照らし合わせて）に従って、作品を評価する	比較する、記述する 説明する、要約する 結論づける、批評する

短期目標の設定の仕方

長期目標と短期目標の具体例をみてみましょう。

表4-4　個別の指導計画の目標として利用できる語彙

長期目標①　熟語を知る

→短期目標
①-1）該当する熟語の定義を言う
①-2）その熟語を使った例を挙げる
①-3）その熟語の類義語を挙げる
①-4）その熟語の反対語を挙げる

長期目標②　熟語を理解する

→短期目標
②-1）該当する熟語を自分のことばで定義する
②-2）その熟語の正しい使い方と誤った使い方とを区別する
②-3）その熟語の意味を文脈の中で説明する
②-4）意味の似ている2つの熟語について似ている点と異なっている点を記述する

長期目標③　熟語を文章（書いたもの）の中で応用する

→短期目標
③-1）考えや行動、出来事を記述する際、最も適した熟語を選ぶ
③-2）与えられた熟語を使って単文を書く
③-3）与えられたいくつかの熟語を使って段落を書く
③-4）文章を書く際、新しい熟語を使う

長期目標と短期目標の関係（2つのタイプ）

長期目標に対して、短期目標の立て方には以下のようなタイプがあります。

1 短期目標が、段階的、順次的に述べられるもの

短期目標 → **短期目標** → **短期目標**

2 短期目標が、単に並列的に、異なる特徴として述べられるもの

短期目標
短期目標
短期目標

図4-1　短期目標の立て方

そこで、各タイプの例を紹介します。

表4-5　長期目標と短期目標の関係

1 のタイプ（短期目標が、段階的、順次的に述べられるもの）

長期目標①　あまりのあるわり算のやり方を習得する

→短期目標　①-1）九九が言える
①-2）2桁×1桁の計算ができる
①-3）2桁×2桁の計算ができる
①-4）2桁÷1桁の計算ができる
①-5）2桁÷1桁のあまりのある計算ができる

2 のタイプ（短期目標が、単に並列的に、異なる特徴として述べられるもの）

長期目標②　原稿用紙 1枚分の作文を書く

→短期目標　②-1）接続語「そして」「しかし」が使える
②-2）会話文を入れることができる
②-3）形容詞または副詞を用いることができる
②-4）比喩の表現を入れることができる
②-5）気持ちの表現を入れることができる

短期目標の中に含む条件

短期目標をより具体的かつ明確にするために、短期目標には条件に関する記述を添えます。これらの条件を示すことにより、「目標が明確」になるのはもちろんのこと、それに伴って「評価の際の視点も明確」になります。条件にはどのようなものが考えられるかみてみましょう。

表4-6　短期目標の中に含まれる条件

条件の観点	例
言語的な要求や 指示に関すること 	●口頭でのルール説明で… ●複数の指示が出されたときに…
視覚的に示された 指示や教材に関すること 	●黒板に書かれた指示を見て… ●挿絵のある文章を読んで…
デモンストレーションに 関すること 	●教師が折り紙を折るのを見て… ●他児が発表するのを見て…
ツール（道具）や 教材に関すること 	●マス目のある用紙が与えられたとき… ●4年生相当の文章題が与えられたとき…
環境設定に 関すること 	●小グループでの活動において… ●校外学習の際…
支援の仕方に 関すること 	●隣で教師が教科書の内容を読むのを聞いて… ●教師が声かけをしたとき…

目標達成の基準

短期目標の中に基準を含むとはどういうことでしょうか？　例えば、「あまりのある割り算を正確に解く」という短期目標を設定したとします。この場合、全問正解でなければ目標達成とみなされないのか、それとも 10問中 5問できればよしとするのか、不明瞭になってしまいます。そこで、目標の達成度を明らかにしておくことが必要になります。また標準化されたテストの得点で判断するのか、行動観察で判断するのか、教師作成のテストで判断するのかなど、どのような評価方法を用いて判断するのかも決めておくとよいでしょう。

これらを決めておくことで、「目標が明確」になり、ひいては「評価の際の視点も明確」になります。

表4-7　目標達成の基準

- 80％できる
- 10問中7問以上できる
- 算数の授業の間、……できる

表4-8　評価の方法

- 教師自作のテストで評価
- 教師による観察（授業中の発言や様子）で評価
- 子どもの作品（ノート、ワークシート、etc.）で評価
- 標準学力テストで評価　など

目標を立てる時点で基準を盛り込むことが難しい場合には……

目標を立てる時点で、達成基準や評価方法について盛り込むことが難しければ、評価の段階で「80%できた」「算数の授業時間中、○○できた」などの達成基準を評価結果の記述に明記するようにします。そうすることで、次の実態把握では、一つの情報として活用できます。

目標を立てる際に（自立活動の観点から）

自立活動とは

自立活動とは、障害のある子どもが、個々の障害による学習や生活面での困難を主体的に改善・克服しながら、自立をめざして教育的な活動を行う指導領域です。自立に向け、必要な知識、技能、態度及び習慣を養い、もって心身の調和的発達の基盤を養うことを目的としています。特別支援学校や特別支援学級、通級指導教室等における教育課程上、重要な位置を占めるものといえます。なお、通常の学級に在籍している子どもの中には、通級による指導の対象とはなっていなくても、自立活動でめざしているような働きかけが有効な子どももいます。その場合にも、自立活動の内容は大いに参考になるでしょう。

自立活動の内容

自立活動の内容は、「人間として基本的な行動を遂行するために必要な要素」と、「障害による学習上又は生活上の困難を改善・克服するために必要な要素」で構成されています。6つの区分、「健康の保持」「心理的な安定」「人間関係の形成」「環境の把握」「身体の動き」「コミュニケーション」にそれぞれ3～5項目ずつ、計27の項目が示されています（表4-9）※。個別の指導計画の中で目標を設定する際、自立活動が教育課程の中に位置づけられている場合にはもちろんのこと、それ以外の場合においても、ここに挙げられた区分、項目は活用できます。その場合、これらの項目を念頭に置きながら、いかに目の前の子どもに即した目標として表現し得るか、つまり、実態に即した目標として具体化し得るかが重要になってくるでしょう。

※2017（平成29）年4月28日公示された特別支援学校小学部･中学部学習指導要領に拠ります。「1 健康の保持（4）障害の特性の理解と生活環境の調整に関すること」が新たに付加されました。

表4-9　自立活動の内容

1 健康の保持（生命を維持し、適切な健康管理とともに、日常生活を行うために必要な身体の健康状態の維持・改善を図る観点からの内容）

（1）生活のリズムや生活習慣の形成に関すること。
（2）病気の状態の理解と生活管理に関すること。
（3）身体各部の状態の理解と養護に関すること。
（4）障害の特性の理解と生活環境の調整に関すること。
（5）健康状態の維持・改善に関すること。

2 心理的な安定（自分の気持ちや情緒をコントロールして変化する状況に適切に対応するとともに、障害による学習上または生活上の困難を改善・克服する意欲の向上を図る観点）

（1）情緒の安定に関すること。
（2）状況の理解と変化への対応に関すること。
（3）障害による学習上又は生活上の困難を改善・克服する意欲に関すること。

3 人間関係の形成（自他の理解を深め、対人関係を円滑にし、集団参加の基盤を培う観点）

（1）他者とのかかわりの基礎に関すること。
（2）他者の意図や感情の理解に関すること。
（3）自己の理解と行動の調整に関すること。
（4）集団への参加の基礎に関すること。

4 環境の把握（感覚を有効に活用し、空間や時間などの概念を手掛かりとして、周囲の状況を把握したり、環境と自己との関係を理解したりして、的確に判断し、行動できるようにする観点）

（1）保有する感覚の活用に関すること。
（2）感覚や認知の特性についての理解と対応に関すること。
（3）感覚の補助及び代行手段の活用に関すること。
（4）感覚を総合的に活用した周囲の状況についての把握と状況に応じた行動に関すること。
（5）認知や行動の手掛かりとなる概念の形成に関すること。

5 身体の動き（日常生活や作業に必要な基本動作を習得し、生活の中で適切な身体の動きができるようにする観点）

（1）姿勢と運動・動作の基本的技能に関すること。
（2）姿勢保持と運動・動作の補助的手段の活用に関すること。
（3）日常生活に必要な基本動作に関すること。
（4）身体の移動能力に関すること。
（5）作業の円滑な遂行に関すること。

6 コミュニケーション（場や相手に応じて、コミュニケーションを円滑に行うことができるようにする観点）

（1）コミュニケーションの基礎的能力に関すること。
（2）言語の受容と表出に関すること。
（3）言語の形成と活用に関すること。
（4）コミュニケーション手段の選択と活用に関すること。
（5）状況に応じたコミュニケーションに関すること。

文部科学省（2017）特別支援学校小学部･中学部学習指導要領（平成33年度実施、2017年4月28日公示資料）

どのような手だてを用意したらよいか

短期目標が具体的に決まったら、次はいよいよ目標達成に向け、それを実現する手だてを考えていきます。どのような手だてを行うかを考えるのは、楽しくもあり、また頭を悩ませることでもあります。

表4-10　個別の指導計画に含む手だての観点

条件の観点	例
言語的な要求や指示に関すること 	●短いことばで言う ●一度に出す指示は、一つにする
視覚的に示された指示や教材に関すること 	●板書の量を少なくする ●算数の文章題の説明を視覚的に行う
デモンストレーションに関すること 	●ワークシートへの記入の仕方を実際に見せる ●長さの比べ方を実際に見せる
ツール（道具）や教材に関すること 	●マス目の大きな用紙を用意する ●１学年下の計算問題を用意する
環境設定に関すること 	●ペアで学習を行う ●注意が拡散しないような部屋で行う
支援の仕方に関すること 	●漢字にふりがなをふる ●できたときには、すぐに評価する（ほめる）

一つの手がかりとしては、先の「短期目標に含まれる条件」の項目が参考になります。例えば「従来の言語的な指示の出し方に何か工夫する余地はないか？」「指示する際、視覚的な提示や、教材の工夫をする必要はないか？」といった具合です。

そこで、先の「短期目標の中に含まれる条件」の表を「手だて」に振り替えてみました。この表 4-10を見ながら、子どもが目標達成するために必要な手だてをチェックしていけば、必要な支援が抜け落ちることも避けられます。

手だてを合理的配慮として意識し、確実に提供する

インクルーシブ教育システムとは

インクルーシブ教育システム（inclusive education system：包容する教育制度）ということばをよく耳にするようになりました。障害があるということで、これまで必ずしも十分に社会参加できるような環境になかった人たちが、積極的に参加・貢献していくことができる共生社会がめざされています。このような社会を構築するためには、誰もが相互に人格と個性を尊重し、支え合い、人々の多様な在り方を相互に認め合えることが大切になってきます。

2006（平成18）年に国連総会で採択された「障害者の権利に関する条約」第24条で「インクルーシブ教育システム」について定義しています。それによると、「人間の多様性の尊重等の強化、障害者が精神的及び身体的な能力等を可能な最大限度まで発達させ、自由な社会に効果的に参加できるよう、障害のある者と障害のない者が共に学ぶ仕組み」とされています。具体的には、「障害によってgeneral education system（教育制度一般）から排除されないこと」「自己の生活する地域において教育の機会が与えられること」「個人に必要な合理的配慮が提供されること」等が挙げられています。

日本は、2007（平成19）年に「障害者の権利に関する条約」に署名、2014（平成26）年に批准しています。その間、2012（平成24）年には、中央教育審議会にて「共生社会の形成に向けたインクルーシブ教育システム構築のための特別支援教育の推進（報告）」も出されています。

その中で、インクルーシブ教育システムでは、同じ場で共に学ぶことを追求しているとしつつも、「（最終的な）自立と社会参加を見据え」、発達段階に応じ、その時点で教育的ニーズに最も的確に応える指導を提供できるよう、多様で柔軟な仕組みを整備することが重要としています。小・中学校における通常の学級をはじめ、通級による指導、特別支援学級、特別支援学校といった、連続性のある「多様な学びの場」を用意しておくことが必要であるとしています。

基礎的環境整備と合理的配慮

インクルーシブ教育システムを構築するために不可欠になってくるのが、基礎的環境整備（障害のある子どもが、十分に教育を受けられるために必要な教育環境が整備されること）と、合理的配慮（障害のある子どもが、その能力（可能性）を最大限発揮できるように、個々に必要となる環境の変更・調整を行うこと）です。以下にそれぞれについて具体的にみていきます。

■ 基礎的環境整備

国や都道府県、市区町村で行われる「教育環境の整備」です。これが基礎になって、個々に応じた合理的配慮が提供されることになります。したがって、「基礎的環境整備」はある特定の個人を対象に整備されるというよりは、環境が整えられていることによって、ニーズのある子どもは誰でも恩恵が受けられる状況が整っていることといえます。具体的には、大きく8項目から成っています（表4-11）。

表4-11　基礎的環境整備の観点

（1）ネットワークの形成・連続性のある多様な学びの場の活用
（2）専門性のある指導体制の確保
（3）個別の教育支援計画や個別の指導計画の作成等による指導
（4）教材の確保
（5）施設・設備の整備
（6）専門性のある教員、支援員等の人的配置
（7）個に応じた指導や学びの場の設定等による特別な指導
（8）交流及び共同学習の推進

■ 合理的配慮

合理的配慮は、個に特化したものになります。行政によって整備された基礎的環境整備のもと、設置者・学校が、障害のある子どもの教育的ニーズに応じて提供していくものです。

従来、教育においては、平等性が重視されてきたとも言えます。個人の特性等を考慮する以上に、平等性が重視され、その結果、指導や支援が一様に行われてきた感があります。支援が必要な子ども、それほどまでに支援が必要でない子どもも、一定の支援がなされるような状況であり、必要でない子どもにとっては「支援過多」な状態、支援が必要な子どもにとっては「支援不足」の状況にも陥りかねない状態であったかもしれません。

そこで、今、「平等性」から「公平（公正）性」へと転換が図られています。すなわち、「公平（公正）」という「個人の特性等を踏まえた上で、個に応じた支援がなされ、結果的に学習や活動等の機会が均等に提供されることが重要」とする考え方です。

具体的な合理的配慮の観点を表4-12に示しました。合理的配慮を「いつ、どのようにして提供していくか」については、子ども本人や保護者と十分に話し合い、合意形成のプロセスを丁寧に経ながら、確実に行っていくことが求められています。

その意味でも、個別の指導計画の中に、目標を達成するための手立てとして、この合理的配慮を明記していくことが必要になります。合理的配慮をどのように考え、明記していったらよいかに対し、不安を感じることはありません。これまでも、目標達成のために、「その子の実態に合った手立て」をあれこれ考え、講じられてきたことと思います。それがまさに「合理的配慮」にあたるのです。

表4-12　合理的配慮の観点

①-1-1	学習上又は生活上の困難を改善・克服するための配慮
①-1-2	学習内容の変更・調整
①-2-1	情報・コミュニケーション及び教材の配慮
①-2-2	学習機会や体験の確保
①-2-3	心理面・健康面の配慮
②-1	専門性のある指導体制の確保
②-2	幼児児童生徒、教職員、保護者、地域の理解啓発を図るための配慮
②-3	災害時等の支援体制の整備

なお、2013（平成25）年に「障害者差別解消法」が公布され、2016（平成28）年4月1日から施行されました。こちらも「障害者の権利に関する条約」の締結に向けた国内法整備の一環です。そこでも「合理的配慮の提供」が求められており、今後、教育に留まらず、様々な場において、共生社会をめざし、障害のある人たちが社会の中にある障壁（バリア）によって過ごしにくい状況を皆で打開していくことが求められています。

子どもの得意な学習スタイルを指導に生かす

「ことばで言ってもらうと理解できる！」という人、「絵で描いてもらうとわかる！」という人、いろいろな人がいると思います。子どもも同じです。こうした子どもの学習スタイルに合わせて、支援の方法も複数用意できたら……とてもすばらしいことでしょう。ここではそのような学習スタイル、とりわけ二つのタイプについて表4-13を使って紹介したいと思います。

一つが、「分析的な思考」のタイプ、もう一つが「包括的な思考」のタイプです。これらのタイプ別に「計画の仕方」「物事のとらえ方」「記憶の仕方」「得意な指示の方法」「得意なテスト形態」「学習方法」「考え方」を示しました。

「分析的な思考」タイプの人は、聴覚型学習者（耳からの学習が得意）に多く、「包括的な思考」タイプの人は、視覚・触覚型学習者（目で見たり、実際に触れたりして学習するのが得意）に多いようです。

この学習スタイルの表は、以下のように使います。

前もって、「この子は分析的な思考、聴覚型」「この子は包括的な思考、視覚／触覚型」など、わかっている（予想がつく）場合には、表を縦にそってみていきます。例えば、「テストの形態は○○が得意なのか！」「学習方法は○○か！」など、その子どものスタイルに合ったやり方を探していくといった具合です。

一方、何型かわからない場合には、逆に、その子どものいつもの様子と、表に挙げた「物事のとらえ方」「記憶の仕方」などの特徴を照らし合わせ、どちらのタイプかを探ってみます。それを行った上で、改めて子どものタイプに合ったやり方を確認していきます。

一人の子どもが、これらのタイプに何から何までぴたりと当てはまることはないかもしれません。しかし、支援の第一歩として、このような考え方から始めてみて、合わない場合にその都度調整していき、よりその子に合った支援に近づけていくというのも一つの方法ではないでしょうか。

子どもの得意な学習スタイルを知ることで、手だては見えやすくなります。

表4-13　学習スタイル（Learning Styles）

	分析的な思考タイプ（聴覚型学習者に多い）	包括的な思考タイプ（視覚・触覚型学習者に多い）
計画の仕方	・事前に計画を立てる ・リストを作る	・体験から入る
物事のとらえ方	・細部までとらえる 「ちょうどその時…」	・全体としてとらえる 「だいたい…」
記憶の仕方	・聞いたことについての記憶は得意	・見たり、経験したことの記憶は得意
得意な指示の方法	・一つ一つ指示を提示されるとわかりやすい	・最初に、全体像を見せられるとわかりやすい
得意なテスト形態	・オーソドックスなテスト形式（多肢選択、正誤判断、作文、論文）が得意	・筆記にこだわらないやり方で表現できるほうが得意
学習方法	・論理的に進めていく ・分析的に順序立てて考える	・オープンエンディドで考えを進める ・新しい発想を生み出す
考え方	・論理的、分析的、継次的 ・原因と結果に着目 ・差異に注目 ・一つ一つ理解していく ・シンボリック（象徴的）に内容を理解する	・直感的、任意的（ランダム） ・類似点と関連性に着目 ・全体から部分へと理解を進める ・具体的、実践的なことからシンボリックなことへ考えを進める

個別の指導計画の具体例 ―えがお君を例に―

具体的な個別の指導計画の例を二つ挙げたいと思います。一つは、個別的な指導場面での活用を想定した個別の指導計画です。書式に関するポイントは、以下のようになります（表4-14）。

- 「長期目標」と「短期目標」とが明確に対応できるようになっている。
- 「短期目標」にはそれぞれ手だて（合理的配慮）も併記できるようになっている。
- 評価の欄が「目標に対する評価」と「手だてに対する評価」の二つに分かれており、子どもにとって有効な手だてが把握しやすいようになっている。
- 目標と評価、その結果を受けた上で次にどのような目標にするかが、横に連続して記されるようになっており、関連性が把握しやすいようになっている。

二つめは、通常の学級での指導場面での活用を想定した個別の指導計画です。以下が書式に関するポイントです（表4-15）。

- 個別指導のための計画ではなく、通常の学級（集団）の中で、対象とする子どもに対してどのような支援（配慮）ができるかといった視点に立って作成できる。
- 教科ごとに目標や手だてを設定できるようになっている。
- すべての教科について目標を立てるのではなく、必要と思われる教科のみを取り上げて、目標を立てるようになっている。
- 「実態」と「目標」との間で一貫性（つながり）をもたせるため、「実態」の欄を「目標設定の理由」とし、子どもの「実態」と「目標」とがつながりやすくなっている。
- 「子どもの目標に対する評価」欄と、「（指導者自身の）手だて（合理的配慮）への評価」とを分け、両者を明確に分けて評価・把握できるようになっている。
- 手だての欄を「手だて（合理的配慮）」とすることで、教育活動の中でより「合理的配慮」をイメージしやすくし、確実に提供できるようになっている。さらには、合意形成のツールとしての機能も果たしやすくなっている。

表4-14　長期目標と短期目標とを明確に対応させるタイプの個別の指導計画の例

資料Ⅰ-4

個別の指導計画（長期目標と短期目標とを明確に対応）

対象:　5 **年** ○ **組（名前）** えがお君　　**記載日:** 20△2 **年** 3 **月** 18 **日**　**記載者:** ○○○○

指導形態：（週）／月　2 日（ △ ）曜日　1 時間　集団／（個別）
指導領域：聞く／話す／読む／（書く）／計算する／推論する／行動／社会性
指導場所：（　通級指導教室　）　担当者（　○○○○　）

長期目標	設定日	評価日	評価
(1) 習った漢字を作文の中で使うことができる	20△1 4/22	(20△2年3月) 3/18	(＋) 辞書があれば100％習った漢字を用いることができた。独力だと、形が似たものと書き間違えたり、思い出すのに時間がかかった。何も見ずに書くことにこだわる必要はないと思われる。
(2) 長い作文を書くことができる	20△1 4/22	(20△2年3月) 3/18	(＋) 達成できた。内容的には豊かだが、依然書字自体が困難である。パソコンについてもキー操作がまだぎこちない。パソコン操作を練習する必要があるように思われる。
(3)			

対応する長期目標	当期（1/16〜3/13）の短期目標と手だて（合理的配慮）	評価	対応する長期目標	来期（4/15〜7/15）の短期目標と手だて（合理的配慮）
(1)	目標　4年生の漢字100字（チェックリスト「照〜録」）について、間違った漢字を示された際、その部分を修正できる（教師自作のテストで80％）。	(－)　正答率は70％だった。	(1)	目標　5年生の漢字の読み仮名のみが書かれた単文について、辞書を見ながら100％漢字になおすことができる。
	手だて　修正できなかった漢字は、正しい漢字（形）の特徴について言語化をさせる。	(－)　形の特徴を言語化しづらい漢字も多く（例「良、包」）、本人も戸惑っていた（ただし、言語化の力はだいぶついてきているように思う）。		手だて　はねやとめ等、細かい部分まで正確でなくてもよいことにする。電子辞書も用意する。
(2)	目標　作文の中で、今まで習った漢字については、100％使用できる（辞書を引いても可）。	(＋)　本人自身、漢字を使いたいという意識があるため、積極的に辞書を活用していた。辞書があれば100％正しく漢字を用いることができた。独力で、正しい漢字を書くことは難しかった。		目標
	手だて　まずは独力で取り組んだ上で、それ以上難しい場合には辞書を使用させる。	(＋)　独力で漢字を書こうとする姿勢はあまりみられなかった。辞書の使用は本人にとって有効であった。電子辞書の使用も視野に入れてよいかもしれない。		手だて
(1)	目標　接続語、会話文、比喩を使って原稿用紙1枚分の自由作文を書くことができる（パソコンで書いても可）。	(＋)　接続語や会話文、比喩等、すべて適切に用い原稿用紙1枚以上の作文を手書きで完成させた。内容は豊かだが、字の読みにくさが目立った。		目標
(2)	手だて　口頭での表現は得意なので、書く前に構想を話させる。今までの学習内容(内容をふくらませるコツ)を一覧表にして示す。	(＋)　書く前に、指導者からの質問に答えることで内容をふくらませやすくなったようだ。また、一覧表を自分でチェックしながら作文していた。キー操作の練習が必要。		手だて

表4-15　教科で立てるタイプの個別の指導計画の例

資料 I -4

個別の指導計画（教科で立案：小学校用）

対象： 5 年 ○ 組（名前）えがお君　**記載日：**○○○○年 9 月 1 日～ 10月 15 日　**記載者：**△△△△

	単元名	本児の目標	目標設定の理由（本児の実態）	目標についての評価
教科全体		自分の得意なことやがんばったことを他の人に伝えることができる。	自己評価が低い。得意な面、がんばっている面があることを自分で認める必要がある。	○
国語	資料を生かして考えたことを書こう	(1) 自分の調べたことをワークシートにまとめる。 (2) 漢字テストで毎回10問中７問正答する。	調べることは好きだがそれをまとめることが難しい。ワークシートであれば負担が軽減されるだろう。 漢字に対して苦手意識があるが、練習をして満点をとった時、とてもうれしそうだったので。	(1) は○ (2) は○
算数	形も大きさも同じ図形を調べよう	(1) 垂直、平行、および平行四辺形、台形、ひし形の特徴をことばで表すことができる。 (2) 垂直、平行、および平行四辺形、台形、ひし形を弁別することができる。	この単元は本児にとって困難と思われるので、作図については、細部の正確さまで要求しない（目標に掲げない）ことにする。それぞれの特徴をおさえられればよい。次の面積の学習につなげられればと思う。	(1)は○ (2)は× （平行四辺形とひし形の弁別が十分ではなかった）
社会	工業地域と工業生産			
理科	台風と天気の変化			
音楽	君をのせて（合唱）			
図工	ザラザラ画面〈専科担当記入〉	表したいことを言葉で表現しながら取り組む。	ことばでの表現は得意なので、ことばでイメージをふくらます。	○
体育	バスケットボールマット運動	作戦会議の時、チームの中で作戦を一つでも提案する。	ボールを使ったゲームでは、以前消極的だったから。	○
他の教科	作って楽しく使おう〈専科担当記入〉	何を作るか自分で決めることができる。支援を受けながらでも完成させる。	アイデアは豊富なのでこの点で有能感を味わわせたい。作業は難しいので支援が必要。	○ 友だちの支援もあり完成
生活面		自分の決められたロッカーに道具をしまう。	場所を間違え他児のロッカーへ道具を片づけることがある。	○
家庭	漢字プリントの宿題を毎日忘れずに提出する。		家庭での漢字練習が定着してきている。漢字練習に対する保護者と教師のコメントを読むのが楽しみのようだ。	○

	具体的な手だて（合理的配慮）	手だてへの評価
教科全体	得意な面、がんばっている面について、本児に頻繁に伝える。 クラスでも披露する場面を作る。	○
国語	ワークシートに調べたことを書き込めるようにし、書くことへの負担を軽減する。資料をコピーして貼ってもよいことにする。成果をクラスで発表し、評価することで、有能感を高める。漢字についてはマスの大きい練習プリントを渡す（他児も必要に応じて使えるようにする）。練習プリントに保護者のチェック欄を設け、見てもらう。	○ （すべて手だてとして有効であった）
算数	ワークシートを利用し、特徴を書き込めるようにする。 身近なものの中からこれらの特徴をもつもの（具体物）を用意しておく。 作図については手順を順次的に示す。	△ （各々の特徴の違いを明瞭にするワークシートを作成すべきだった）
社会		
理科		
音楽		
図工	技術面では支援を行う。説明の際、本児のものをモデルにして話す。	○
体育	グループ構成の際、配慮を行う。（本児と仲の良い児童と同じチームにする）	○
他の教科	アイデア発表の時、本児に発表させる。 支援が必要な際に求められる雰囲気をクラス全体に作る。	○
生活面	わかりやすい場所（最上段の左端）を確保する。 本児にわかるよう目印をはる。	○
家庭	漢字プリントのチェック欄により、進度を把握してもらう。 苦手な部分での本児のがんばりを認める機会を作ってもらう。	○

設定日	長期目標（年間目標）	（評価予定日）評価日	評価
4/25	・学年相当の算数の概念を理解する	（翌年　3/19）	
	・本児の得意な国語（書字以外）に関して自己有能感を高める	（翌年　3/19）	

目標を考えていく上で大切なこと【後編】

前編（P41）に続き、ここでも目標を考えていく上で、大切なこと（後編）についてお話ししたいと思います。

それは、目標を立てる際、子どもにとって肯定的な目標にするということです。「○○しない」といったネガティブな表現でなく、「○○できる」といったポジティブな表現にします。

個別の指導計画は、子どもに対し秘密にするものではなく、（中心にいる）子どもにとってもわかりやすい計画をめざすべきです。それを子ども自身が知ることで、自分の学習のゴールを意識し、どのようなプロセスで進んでいくかを共有することができます。子どもにわかりやすいことばで書くということも心がけたいことの一つです。そうすればおのずと、目標自体も明確なものになるはずです。

もんだい

下に書かれている短期目標と手だてには、修正・改善すべき点がいくつかあります。考えられる点を挙げ、さらに適切な短期目標と手だてになるように加筆・修正しましょう。

短期目標「文章を理解する力をつけさせる」
手だて　「３年生のどんどん解ける読解ワーク、ペープサート」

こたえ

短期目標

修正・改善すべき点

・目標の主体が教師（指導者）側である。
・理解する力をつけるというのは、どのような観点で評価すべきかが明確でなく、具体的でない。
・どういう条件か（何年生相当の文章？　聞いて答えるのか、読んで答えるのか等）明確でない。
・どれだけの基準（100%、80%）を達成すれば、目標達成なのかが明確でない。

修正案

・（○○さんは）3年生の教科書を自分で読んで、それに関する教師が作成した問題に7割以上答えることができる。

手だて

修正・改善すべき点

・教材名だけが書かれている。
・どういう意図でその教材や指導法が用いられているのかが明確でない。

修正案

・まずは比較的１ページに掲載されている文章量の少ない「３年生のどんどん解ける読解ワーク」を行う。
・物語のイメージが文章のみでは持ちにくいので、ペープサートを活用することでイメージしやすくする。

column 6 個別の指導計画を立てる際、意識が向きにくい項目とは？

ここでは「個別の指導計画の作成における課題と教師支援の検討」という研究論文の紹介をしたいと思います。これは 359名の先生方を対象に行った調査結果をもとに書かれてあります。

調査を進めていく中で、個別の指導計画を作成する上で重要と思われる内容（注：この本の各章で扱われているポイントがそれに当たります）に対し、意識が向きにくいと判断された項目がいくつか挙がってきました。

例えば、「子どもの強い力を利用できているか」という得意な面や強さを考慮する項目が抽出されましたが、これは、つまずきや苦手な面には比較的意識が向きやすい一方で、得意な面や強さに関しては、全体的に意識が向きづらいことを示唆しています。このように、つまずきのある子どもに対しては、肯定的な面を見落としがちですが、これらの面をとらえることは重要であり、こうした考慮が、通常の学級の中でも効果的に作用するとも言われています。

また、「手だての内容・量のチェックはできたか」「指導前の仮説と整合性はあったか」等、指導者（教師）自身の振り返りに関する項目も意識が向きにくい傾向にありました。特に、経験が浅い場合、授業後の振り返りが少ないことが指摘されていますが、この研究では、経験差にかかわらず同様の傾向がみられました。教師が自分自身の特徴（教え方、教材、環境設定等）について振り返ることは有益であり、こうした振り返りをすることで、より適切で効果的な指導・支援へ改善する手がかりをも得られると思われます。

同様に、「立てた目標について他の人の意見を聞いたか」という項目も、経験の差にかかわらず、意識が向きにくいと判断されました。教師が自身の実践を改善するためには、授業実践に対する他者からのフィードバックを受ける必要があることも指摘されています。つまり、他者からフィードバックを受けることにより、自己理解が進み、自分が行った試みの正否がわかるだけでなく、考えを明確化したり、修正の機会が得られたりするというのです。実践の過程で、他者との話し合いの機会をもつことがスキルの向上につながることは度々報告されており、このような自己理解を促す話し合いの機会を積極的に導入していくことも重要な視点でしょう。

目標の設定では、「評価（○×）できるような目標になっているか」という項目も、意識が向きにくいと判断されました。これには、○×で評価できるような目標と聞くと、どこか短絡的なイメージが伴うように感じられるのではないかと推測されます。しかし、目標となる行動や、評価の際の基準を具体化することで、目標やひいては指導、支援までもが明確化され、それが結果的に他者とのコミュニケーションを促進することも指摘されています。

こうした意識が向きにくい項目に対しては、例えば、本書の巻末に載っているようなセルフレビューを目的とするチェックリスト（資料①）を活用すること、個別の指導計画や実践に対してフィードバックし合い、チームで課題解決できるようなスタディーグループを結成することなどが考えられます。

海津亜希子・佐藤克敏・涌井恵（2005）個別の指導計画の作成における課題と教師支援の検討－教師を対象とした調査結果から－. 特殊教育学研究, 43 (3), 159-171.

column 7

評価の多様性とは

―テスト・アコモデーションから、どの子にとってもアクセスしやすいテストまで―

(1) テスト・アコモデーションとは

テスト・アコモデーションとは、特別な教育的ニーズを有する子どもがテストを受検するにあたり、テストの様式や、実施の手続き等を変更することで、子どもにとって、公平(公正)に、かつ妥当な評価実現をめざすアコモデーション(Testing Accommodations)を指しています(海津・伊藤・玉木・涌井, 2010)。

しかしながら、すべての障害のある子どもに必要なわけではなく、標準的なテスト実施下では、主としてその子どもの特性(障害の特性)が、結果的にテストの成績に不利な影響を与えてしまうような場合において計画されるものといえます。表4-16に「テスト・アコモデーションの主なカテゴリー」を記しました。つまり、テストの結果には、「障害による特性」が反映されるべきではなく、「(測ろうとしている)能力や到達度」が反映されるようにすべきであるといった考え方が、テスト・アコモデーションの根底にあります。

テスト・アコモデーションを提供する際には、学校等が、該当する子どもに対して、どのようなテスト・アコモデーションを提供するかを、十分な検討を経ながら決定していきます。情報収集に際しては、「テストの目的」「子どもの特性(障害の状態)」「利用できるアコモデーション」「テストの得点に及ぼすテスト・アコモデーションの効果」「該当するテスト・アコモデーションに関する先行経験(過去にどのような効果が得られたか)」といった様々な要因を考慮する必要があります。

このように、テスト・アコモデーションを決定するにあたっては、子どもの特性を考えながら、過去に行ったテスト・アコモデーションにおけるエビデンスの検証が不可欠であり、こうしたプロセスを経ながら、個別的に考慮していきます。

テスト・アコモデーションが教育の場において認知されていくためには、本来テストが測定しようとしている内容と照らし合わせながら、どうしてテスト・アコモデーションが必要なのかについて、用いる側が明確にしておくこと、テスト・アコモデーションの効果について多角的に分析することが必須になるでしょう。

(2) 誰もがアクセスしやすいテストとは

しかし、テスト・アコモデーションの実施の前に、そもそもテストというものが、どの子にとってもアクセスしやすいものになっているのでしょうか。このような視点をまず持つことが、子どもへの正当な評価を考える上で必要不可欠なテスト・アコモデーションを考える前提になってきます。

すなわち、全体に対する効果的な支援を行うことで、結果的に、真に特別なニーズを有する子どもへの支援の必要性が明確になるということです。

ここで英国での取組をご紹介しましょう。当該年齢の子どもすべてが受験対象であるNational

表4-16　テスト・アコモデーションの主なカテゴリー(海津・伊藤・玉木・涌井, 2010)

テスト・アコモデーションの主なカテゴリー	例
環境の修正	小集団でのテスト、座席の配慮
呈示の仕方の修正	口頭での呈示、プリントの拡大
答え方の修正	代筆、選択式
時間とスケジュールの修正	時間延長、途中休憩

curriculum assessments(2008)では、子どものニーズに応じてアコモデーションが行われている一方で、標準的な試験方法の中にも配慮が感じられる部分が示されています。例えば、ある学年群では、算数では解答用紙を別途用意せず、問題冊子に直接解答を記入するように指示されています。さらに長文問題では、文章を読み解くことが課題であるため、綴りの間違いは評価の対象とはされていません。その他にも、文の構成を考えたり、メモをしたりすることを前提に、問題冊子の中には白紙の用紙が用意されていたり、数学では問題の内容によって計算機の利用も認められていたりします。

このように「何をアセスメントするのか」ということを明確にし、その達成度をできるだけ正確に把握するために、解答欄への記入の際の混乱や誤りを避けたり、本筋でない知識・技能については評価の対象としなかったりする等といった考え方・それに付随する配慮がなされていました。

(3) 実践研究より

ここでは中学校を対象にテスト・アコモデーション、および誰もがアクセスしやすいテストについて行った研究を紹介したいと思います。

①テスト・アコモデーションの実施状況（先生方へのアンケート結果から）

３都県の中学校３校31名の先生方に対して、テスト・アコモデーションについての質問紙調査を行いました（2011年度）。学校の定期試験において、どのような配慮が、どのように実施されているかを調べたかったからです。

その結果、約35％の先生方が、定期試験において、個々の教育的ニーズを鑑み「テスト・アコモデーション」を実施していると回答しました。配慮を行っている対象として最も多かったのは、日本語の面で特別なニーズのある生徒への配慮であり、発達障害のある生徒への配慮が報告されたのは1件のみでした。なお、この発達障害のある生徒へなされたテスト・アコモデーションは、「漢字にふりがなをふる」というものでした。このように、テスト・アコモデーションでなされていたものの多くは、「大きな活字にした」「漢字にふりがなをつけた」等、呈示に関する配慮が主でした。なお、テスト・アコモデーション（漢字にふりがなをつけた）に対する（教員が感じた）効果については、「問題の理解につながった」が約55％で最も高い結果でしたが、「効果なし」も約36％みられました。

また、定期試験で「テスト・アコモデーション」を行っていないと回答した先生の理由としては、「対象者がいない」が約33％、「不公平」が約10％、「やり方がわからない」が6.5％、「学校・学年で合意ができていない」が3.2％でした。

同様の調査が先行研究（海津・伊藤・玉木・涌井，2010）においても実施されていますが、そこでも「テスト・アコモデーション」を実施していない理由として「必要性がない」といった回答や、「入試対応との整合性が取れない」といった回答がみられています。対象についても、本研究と同様、弱視や、不登校、外国とのつながりのある生徒等であり、発達障害を対象とした配慮はみられませんでした。

先行研究においても「テスト・アコモデーション」による効果を尋ねていますが、能力面やスキル面での効果について言及している例は少なく、対象となる子どもの「意欲の高まり」や「苦手意識の減少」等の心理面での効果が主でした。本研究においては、「問題の理解につながった」といった能力面への効果が窺える一方で、「安心して取り組めた」といった心理面での効果もやはりみられています。このような結果から、スキルや能力面においては、どのような比較基準をもって効果とみなすかについて明確でないことが、効果として認識されにくく、よってテスト・アコモデーション実施にもつながりにくいのではないかと考えられます。

ただし、発達障害の可能性のある子どもが6.5％存在すること（文科省，2012）を考えると、少なくとも40人学級で2～3名在籍していることが想定され、「対象者がいない」という理由がテスト・アコモデーションを実施しない理由とするのは実態とは異なるのではないかと思われます。子どもにとって、「なぜ」テスト・アコモデーションが必要なのか、「どのような」テスト・アコモデーションが妥当なのかについて、日頃の学習の様子と照らし合わせること、生徒への聴き取り等も行いながら、より子どもが本来有している力を発揮できるよう、環境を整え、受検の際の選択肢を増やしていくことが重要でしょう。

②どの子もアクセスしやすいテストをめざして（3名の先生の事例研究から）

この研究には、公立中学校の3名の先生方（国語科、数学科、理科）が参加しました。1学期の定期テストをもとに、研究者4名が課題点、改善点等を話し合い、それらを基に最終的には「どの子もアクセスしやすいテスト、子どもに合わせた評価実現のためのテスト・アコモデーション ガイドライン」（表4-17）としてまとめました。夏期休業中に、各先生方とともに、このガイドラインをもとに協議の時間を取り、2学期の定期テスト作成に生かしてもらいました。なお、生徒たちにも1学期と2学期の定期テストを比べた見解についてアンケート調査を行っています。ちなみに、1学期の生徒アンケート（国語165名、数学79名、理科76名）で、「試験の際の希望」を尋ねたところ、どの教科（教員）に対しても「時間がほしい」が約50％であった他、「メモする紙がほしい」については、数学で約42％の生徒が、「問題と解答用紙が一緒」については、理科と数学で35％を超えていました。「漢字に振り仮名をつけてほしい」は、国語で約35％、理科でも35％を超えていました。

表4-17　どの子どももアクセスしやすいテスト、子どもに合わせた評価実現のためのテスト・アコモデーション ガイドライン（海津・玉木・伊藤・涌井・大城, 2012）

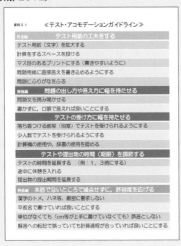

資料Ⅱ-1　《テスト・アコモデーションガイドライン》

テスト用紙の工夫をする
テスト用紙（文字）を拡大する
計算をするスペースを設ける
マス目のあるプリントにする（書きやすいように）
問題用紙に直接答えを書き込めるようにする
問題にふりがなをふる
問題の出し方や答え方に幅を持たせる
問題文を読み聞かせる
書かずに，口頭で答えれば良いことにする
テストの受け方に幅を持たせる
落ち着ける部屋（別室）でテストを受けられるようにする
少人数でテストを受けられるようにする
計算機の使用や，辞書の使用を認める
テストや提出物の時間（期限）を調節する
テストの時間を延長する　（例：1，3倍にする）
途中に休憩を入れる
提出物の提出期間を延長する
本筋でないところで減点せずに，許容度を広げる
漢字のトメ，ハネ等，厳密に要求しない
平仮名で書けていれば良いことにする
単位がなくても（cm等が上手に書けていなくても）誤答としない
解答への転記で誤っていても計算過程が合っていれば良いことにする

さて、先生方が作るテスト、どのように変わったでしょうか。

まず、国語、数学、理科すべての教科で、1学期はB4用紙が用いられていましたが、「定期試験作成における留意点」の中の「大きな活字にする」「行間をたっぷりとる」を実現するため、A3用紙が用いられるようになりました。

それぞれの教科について詳細をみてみると、国語では、「行間をたっぷりとる」「レイアウトを工夫する（文字装飾、段下げ、囲み、名前を書く位置等）」点について改善がみられました。特に、問題文の部分は□で囲み、設問部分との区別をはっきりとさせたこと、「問1」「問2」などを一文字分高く配置することで、各問題文に対してどれくらいの設問が用意されているのかが、一瞬で捉えられるようになっていました。

数学のテストでは、「問題用紙への直接記入を許可する」を採用し、1学期末のテストでは見られなかった生徒の解答に至るまでのプロセスが見えるようになっていました。また、生徒からの要望が高かった「メモ用紙、計算用紙の使用を許可する」についても採用されていました（図4-2、4-3）。

理科のテストでは、やはりA3の用紙が用いられたことで、「大きな活字にする」「行間をたっぷりとる」が実現されていました。また、国語と同様、設問の数字を一文字分高く配置したことにより、各問題にどれだけの設問が用意されているかがすぐにわかるようになっていました。さらに、「具体的」「拡大」「模式図」等、設問を読み解く上で難しいと考えられる表現で、かつ解答内容には直接関わらない表現

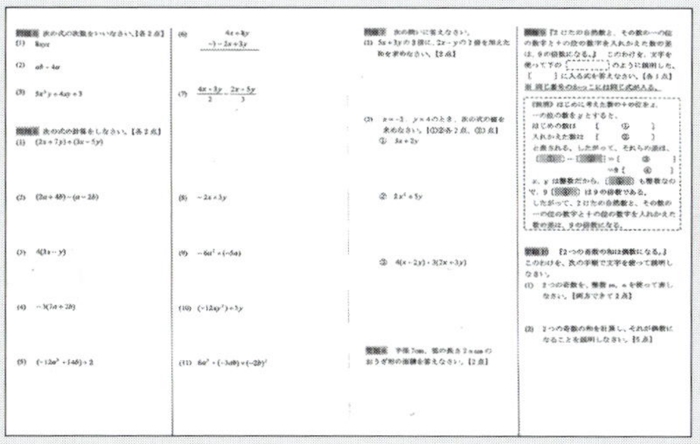

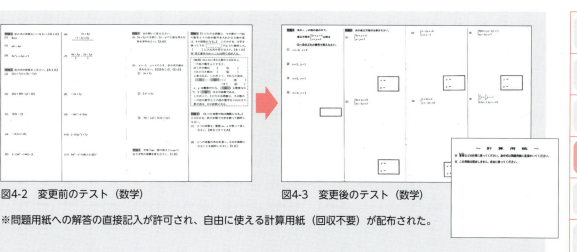

図4-2　変更前のテスト（数学）

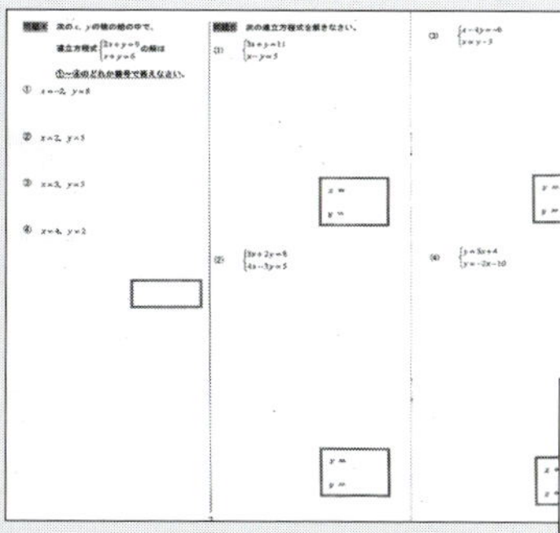

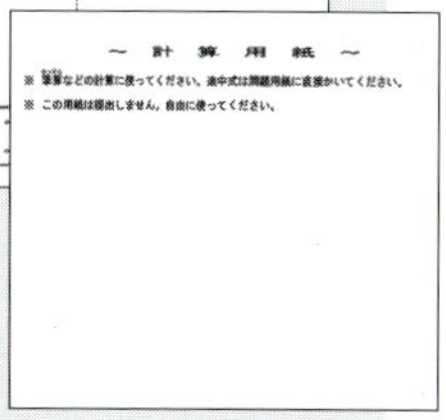

図4-3　変更後のテスト（数学）

※問題用紙への解答の直接記入が許可され、自由に使える計算用紙（回収不要）が配布された。

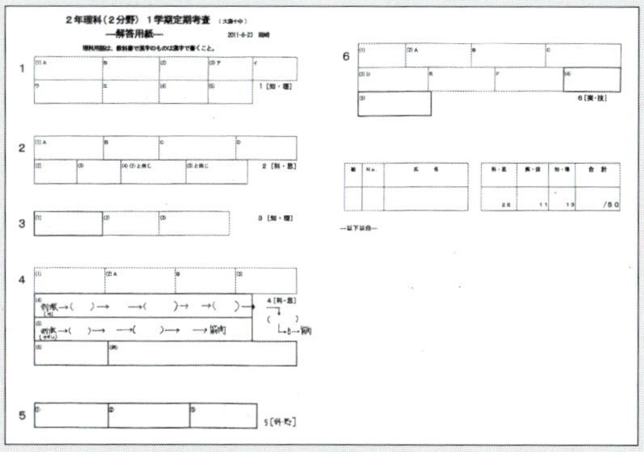

図4-4　変更前のテスト（理科）

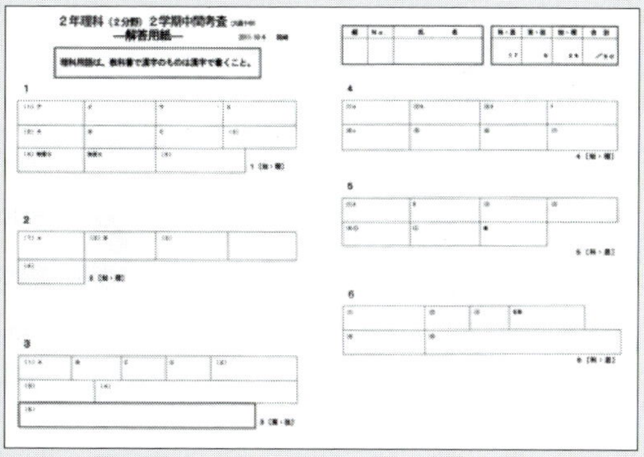

図4-5　変更後のテスト（理科）

※解答欄が明確になり（全体統一がなされ）、記名欄が下から上へ配置されるようになった。

については、漢字にふりがなが振られていました。解答用紙についても、名前を書く位置が先頭に配置されるようになり、書き忘れが予防できるようになりました（図4-4、4-5）。

先生方に今回の変更点に関してインタビューも行いました。すると、「学年による違いはあると思うが、今後もこのスタイルでやっていこうと思う」「直接記入に変えるという変更が大きい。どこに答えを書くかがわかりやすくなった」「計算用紙をつけたことで、早く終わって退屈な子どもにも役に立った」「解答欄を大きくしたので、学力に関係なく、字の大きい子はやりやすいのではないか」「（数学で）問題用紙と解答用紙を一緒にしたことで、途中点などが与えられるようになった。答えが誤っていても、式や考え方が合っていた場合には△にした。こうした配慮はこれまではできていなかった」等の意見が聞かれました。

さて、このような変更後の生徒アンケートの結果はどのようになったでしょうか。1学期と2学期の定期テストを比較してどちらが「解答が書きやすかったか」「文字の大きさや配置など、見やすかったか」等について尋ねたところ、すべての教科で、1学期よりも2学期の方が優っているといった結果でした。生徒の自由記述の中には、先生方が行った変更点について評価している表現（例：「見やすかった」「これからもこういうテストが良い」）が多く見られました。さらに、これら定期テストに連動して、日頃の授業についても焦点をあて、「授業が工夫されていたか」についても尋ねてみました。これについても、すべての教科で2学期の方が優っていました（教科間の平均で約71％の生徒が2学期の方が授業の工夫がなされていたと回答）。テストの形式を見直し、意識したことが、日頃の授業に影響をもたらしたのは興味深いことです。しかし、よくよく考えてみると、テストの形式を子どもの視点に立って見直し、改善するという姿勢・経験が、日頃の授業、例えば、板書やプリント作成に般化することは十分にあり得ることだと考えられます。

（3）大学入試での取組

大学入試センター試験において、発達障害のある生徒への特別措置（現在は、「試験における配慮」と変更）が2010年度から認められています（表4-18）。試験における配慮への申請に際しては、高校における配慮の実施状況が求められます。このように、高校における定期試験での変革が早急に求められている中、その前段階である中学校における定期試験、さらには高校入試においても、遅からず意識改革の波が押し寄せてくることは想像に難くありません。

忘れてはいけないのは、特別な教育的ニーズを抱える子どもに対して、「配慮が行われていないという実態こそが、正当に、かつ、公平、公正に子どもの能力を評価することに反しているのではないか」といった子どもの視点に立った考察ではないでしょうか。

表4-18　大学入試センター試験における配慮事項（平成24年度）

【オ】発達障害に関する配慮事項

対象となる者	配慮する事項 全ての科目において配慮する事項（例）
自閉症、アスペルガー症候群、広汎性発達障害、学習障害、注意欠陥多動性障害のため配慮を必要とする者	・試験時間の延長（1.3倍） ・チェック解答（注3） ・拡大文字問題冊子（14ポイント）の配付（一般問題冊子も配付）（注4） ・拡大文字問題冊子（22ポイント）の配付（一般問題冊子も配付）（注5） ・注意事項等の文書による伝達（注6） ・別室の設定（注2） ・試験室入口までの付添者の同伴

表4-19　大学入試センター試験における状況報告書

【高等学校等で行った配慮について、「している」又は「していない」を○で囲んでください。】

1　「読み」「書き」等における配慮
（1）している　※「している」を選択した場合は、その具体的な内容を、下記に必ず記入してください。
（2）していない

2　定期試験等の評価等における配慮
（1）している　※「している」を選択した場合は、その具体的な内容を、下記に必ず記入してください。
（2）していない

3　個別の指導計画の作成
（1）している　※「している」を選択した場合は、必ず申請書・診断書・本書とともに提出してください。
（2）していない

4　個別の教育支援計画の作成
（1）している　※「している」を選択した場合は、必ず申請書・診断書・本書とともに提出してください。
（2）していない

5　その他の支援・配慮
（1）している　※「している」を選択した場合は、その具体的な内容を、下記に必ず記入してください。
（2）していない　また、各種アセスメント結果等についても下記に記入してください。

海津亜希子・伊藤由美・玉木宗久・涌井恵（2010）テスト・アコモデーションの検討．平成20-21年度国立特別支援教育総合研究所重点推進研究成果報告書『小・中学校等における発達障害のある子どもへの教科教育等の支援に関する研究』．

海津亜希子・玉木宗久・伊藤由美・涌井恵・大城政之（2012）どの子にもアクセスしやすいテスト作成に関する研究―発達障害のある子どもへのテスト・アコモデーションをめざして―．平成22-23年度国立特別支援教育総合研究所重点推進研究成果報告書『発達障害のある子どもへの学校教育における支援の在り方に関する実際的研究―幼児教育から後期中等教育への支援の連続性―』．

第5章

個別の指導計画をもとに本番開始

―指導の展開―

この章では……

個別の指導計画に基づいていよいよ実際の指導に入っていきます。いわば、個別の指導計画というシナリオをもとに、本番に挑むようなものです。さらに、日々の指導の振り返りや子どもの様子の記録は、個別の指導計画の短期目標、ひいては長期目標の評価につながる重要な役割を果たします。そこで、ここでは実際の指導および日々の評価におけるポイントについてみていきたいと思います。

目標の設定でのポイント

指導の展開でのポイントを挙げます。

表5-1　指導計画の作成でのポイント

① 集中時間の配慮を行う
② 無理のない課題配分にする
③ 抵抗感、二次的障害への配慮を行う
④ 動機づけを高める工夫をする
⑤ 有能感、達成感を味わえる工夫をする
⑥ 課題の正誤のチェック（記録・評価）を行う
⑦ 達成水準のチェック（記録・評価）を行う
⑧ 誤答の特徴のチェック（記録・評価）を行う
⑨ 課題の順序が適切であったかのチェックを行う
⑩ 手だての内容、量が適切であったかのチェックを行う
⑪ 指導前の仮説と整合性はあったかをチェックする

このプロセスでとらえること ―えがお君の場合―

先のポイントにしたがって、えがお君の「指導はどのように展開」されているでしょうか。

表5-2　えがお君の「指導の展開」の例

個別の指導計画をもとに、いざ本番。えがお君は、長時間集中するのが難しいので、10～15分ごとに課題が終わるようにし、気持ちの切り替えができるようにした。(→ポイント①)

作文指導を行う際は、漢字プリントの枚数をいつもより減らした。(→ポイント②)

不器用さもあるので、漢字については大まかに書けていればよいことにした。この件については、他の先生方にも同じ対応をとってもらおう。(→ポイント③)

本人と目標を確認し、自発的に取り組めるようにした。(→ポイント④)

3年生からの漢字を一覧表にし、練習した漢字にはシールをはって、達成度がわかるようにした。作文については毎回ファイルに綴じ、自分の作品の記録として蓄積できるようにした。(→ポイント⑤)

【その日の指導を終えて……】

正誤のチェックはできた。作文では、接続語が使用できたか否かのチェックも行った。(→ポイント⑥)

今日の評価では、3 年生の漢字については、正答率は60%だった。クラスでの漢字テストでは、10 問中8 問正答することができた。前回は難しかったが、今日は、指定された接続語を使って12 行の作文を書くことができた。(→ポイント⑦)

構成が複雑な漢字（例：業、漢）は難しかった。(→ポイント⑧)

作文は、指導の後よりも最初にもってきた方が集中して取り組めるようだった。また、パソコンのワープロ機能は後で導入しようと思ったが、同時進行で指導していってもよいかもしれない。(→ポイント⑨)

漢字を覚える際、意味づけや形の言語化は効果があった。今までは、指導者の方でしていたが、本人自らできるかもしれない（支援の量を減らしてみよう）。作文については、原稿用紙のマスが小さいので、大きめなマスを用意する必要があった。(→ポイント⑩)

やはり、視覚的な認知の問題、目と手の協応の問題が、つまずきに大きく影響しているようだ。作文についても、書く作業をパソコン等の代替手段で補えば、長い作文が書けるのではないだろうか。(→ポイント⑪)

LD等の子どもには、すべてにおいて、特別な指導・支援・配慮をしなくてはならないのか？

LD等の子どもたちへの支援を考える際、何か特別なことをしなければならないのではないか……と思いがちです。確かに特別な指導・支援・配慮もときに必要です。しかし、それがすべてではありません。

例えば、LD等の子どもが受ける学習の時間を 100%とすると、おおよそ 6～7割の時間が一般的に効果的とされている指導で十分に対応できると思われます（図5-1）。ここでいう「一般的に効果的とされる指導」とは、クラスの大半の子どもが「わかる！」「おもしろい！」と思える授業です。

一方、約2～3割程度は、「特別な配慮・合理的な配慮」が必要なこともあるでしょう。特別な配慮とは、注意を促すために声かけをしたり、口頭での指示だけでなく視覚的な提示も行ったりなどを含む、無理のない支援のことといえます。

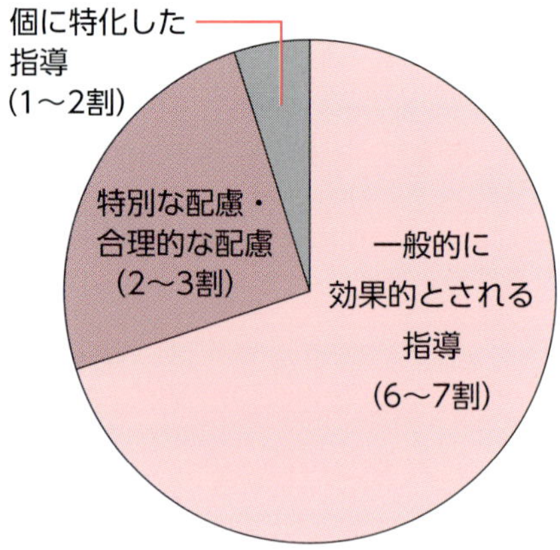

図5-1　指導の配分

残る、約1～2割程度は、「個に特化した指導」が必要になることもあります。これは、その子に合うように課題を細分化するなど、限りなくテーラーメイドに近い支援を指します。

また、従来、特別な支援を受けるためには、特定の場所に行く必要がありました。それが徐々に場所で限定されることなく、子どものニーズに応じた支援へと変換してきています。

当初、通常の学級では、例えば子どもたちに支援という名の洋服を用意するにしても、サイズも一つ、色やデザインも一つしか用意されてなかったのかもしれません。それが徐々にサイズやデザインも増えつつあります。これは「特別な配慮・合理的な配慮」に相当するかもしれません。それでもなお、サイズがない場合には、テーラーメイドの服を用意する必要があります。これが「個に特化した指導」に当たるのではないでしょうか。このように、支援も固定化することなく、子どものニーズに応じて「連続した支援」として提供することが今後ますます求められることでしょう（図5-2）。

図5-2　連続性をもった支援

指導の際、考慮すべきこと

指導を有効なものにするため考慮すべきこととしては、以下のようなものが挙げられます。これらは、どれが「配慮」で、どれが「個に特化した指導」と、区別することはできません。状況によって、どちらにもなり得ます。なるべく多くのこうした観点を指導の中に取り入れたいものです。

能動的な学習

子どもが自分から積極的にかかわっていくことができるような課題を取り入れます。子どもに選択権などを与える機会を指導・課題の中で作ります。（例：取り組むプリントの順序を決めてもらう）

そうすることで 子どもが課題に対して、責任感を抱くようになり、いつもよりねばり強く取り組む様子がみられます。

スモールステップ

課題を（子どもに応じた適切な段階に）細分化し、着実にクリアーできるようにします（図5-3）。その子どもにとって、難しすぎても、また簡単すぎても適当ではありません。

そうすることで たとえ、少しずつでも着実に進むことができます。

図 5-3　スモールステップのイメージ

即時フィードバック

子どもが行ったことに対し、即座に評価を返すことです。

発達障害のある子どもたちは、自分のことや、自分が行っていることに対して、妥当に評価することが苦手な傾向があります。したがって、適切な自己評価の支援を行うことが必要になってきます。

また、特に注意を持続することが難しい子どもについては、即座にかつ頻繁にフィードバックすると効果的です。

そうすることで どういうことをするのが（＋）で、どういうことが（－）なのかが、子どもにとって明確になります。ほめられることで、取り組む意欲、動機づけが高まります。注意がそれそうになるのを防ぐことができます。

繰り返し

子どもが知識やスキルを獲得・安定するまで行います。

内容は同じでも、提示の仕方を変えるなどの工夫は必要です。正しく、楽しく繰り返しましょう。

そうすることで たとえ少しずつでも着実に身についていきます。

集中時間の配慮

指導・課題中に、短く、多くの切り替えを入れます（図5-4）。

特に、注意を持続することが難しい子どもたちには不可欠な配慮です。

そうすることで　40分間ずっと集中することは難しくても、10分ずつ区切ることで、切り替えや気持ちの立て直しが可能になり、結果的に 40分間集中できたのと同じになります。

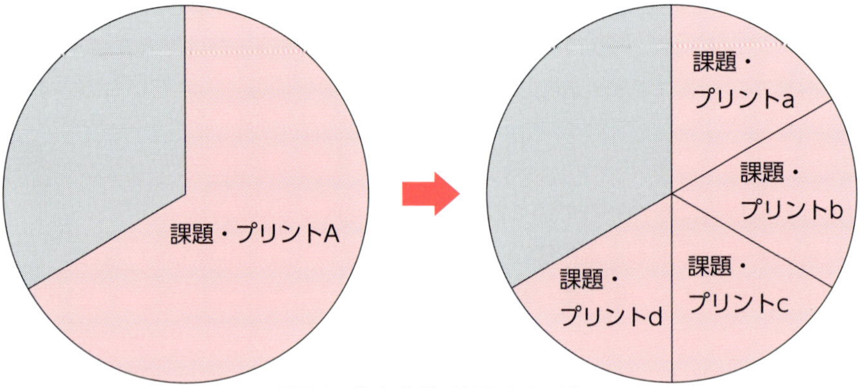

図5-4　集中時間の配慮イメージ

行動の見通し

その時間内にどういうことをするのか、最初の段階で流れを説明しておきます（図5-5）。

今、どこを行っているのかがわかるようにしておくのもよいでしょう。

そうすることで　自分が今何をしているのかを確認しながら課題に取り組むことができます。見通しをもてないことからくる不安が解消されます。どこまで集中していればよいのかが明確になるため、注意が持続しやすくなります。

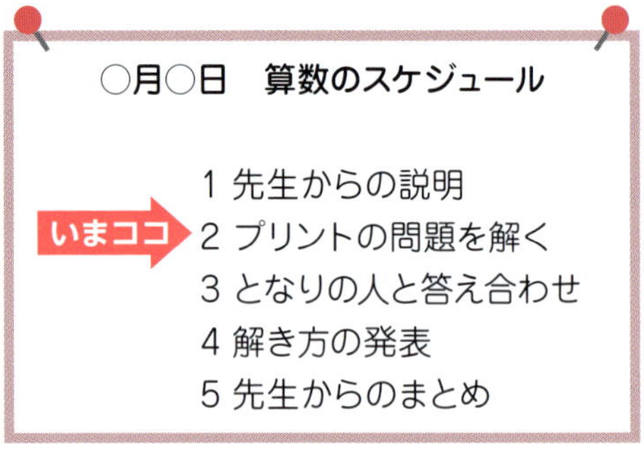

図5-5　行動の見通しをつけるためのスケジュール表

子どもとともに考える目標･評価

子どもとともに目標を確認し、それを課題終了後に再度、子どもと一緒に確認することはとても重要です（図5-6）。「発表の時間、1回は友だちに質問する」「プリント 2枚を仕上げる」など、授業のはじめに確認し、終了時に達成具合について評価します。

このときの目標と、個別の指導計画の目標とを関連づけることもできるでしょう。

そうすることで　目標が意識されることで、子どもが自分自身をコントロールする力（セルフコントロール）が養われます。他者から評価されることで、動機づけや有能感の高まりを見せたり、適切な自己評価への修正もなされたりします。

図5-6　子どもたちと考える目標･評価

予防的対応

子どもが何か適切でないことをしたときに「だめでしょ！」とマイナスの評価をするのではなく、適切な行動をしているときに「とても上手にお話しできたね！」「今日は、姿勢がとってもいいよ！」など、プラスの評価を行うようにします。

子どもが何か適切でない行動をしそうな一歩手前の予兆をとらえ、我慢できている状態に対し「それでいいんだよ！」と告げます。

そうすることで マイナスの評価をされるよりも、プラスの評価の方が、子どもにとって何倍も効果があります。プラスの行動のレパートリーを積み上げていくことができます。

二次的障害への配慮

本来のつまずきに対する誤ったとらえ方や対応により派生してしまった子どもの中の二次的障害（意欲や自信の低下など）を取り除くのは、大変なことです。本来のつまずきにアプローチするには、まず二次的障害を和らげることが先決になってきます。だからこそ、二次的障害を起こさないようにする必要があるのです。

起きてしまった場合には、自信をつけること、「こうやればできるんだ！」「もっとやってみたい！」という気持ちをいかにもたせられるかがポイントになります。本人の得意なこと、現時点でできていることを尊重するのと同時に、本人に合った課題内容（難易度）の設定を行い、有能感を高めていくところから始めます。

そうすることで 二次的障害を和らげてはじめて、本来のつまずきへアプローチすることができます。二次的障害をクリアーできると、子どもは驚くような力を発揮し始めます。

日々の記録の取り方

日々の指導を終えた時点で記録をとることは、効果的な指導を作り出す一つのポイントと言えます。課題の正誤のチェックをし、どういう内容の課題ができて、どういう課題は難しかったのかも把握しておきます。この際、特徴的な誤り、いつも同じようなパターンで誤るものについても記録しておくとよいでしょう。なぜなら、それにより、つまずきの背景要因が見えてきたり、次の指導・支援を考える際のヒントになったりするからです。

また、短期目標のところで達成基準の設定について述べました（P53）。このように短期目標の評価にもつながっていくので、達成基準を意識した（観点からの）記録を行う必要もあります。数値的な記録と、子どもの取り組んでいる様子や誤答パターンなどの記述的な記録の両方が必要でしょう。

ここで、日々の記録の取り方の例を紹介します（表5-3）。

表5-3　日々の記録の取り方の例

資料Ⅰ-5

日々の記録

対象： 5 **年**　**組（名前）** えがお君　**記載日：** 20△1 **年** 5 **月** 10 **日～**　**月**　**日**　**記載者：** ○○○○

≪長期目標≫　（ 4 月 22 日～ 3 月 18 日 ）

①「習った漢字を作文の中で使うことができる」
②「長い作文を書くことができる」

≪短期目標≫　（ 4 月 22 日～ 7 月 15 日 ）

①－1　「3年生の漢字100字（チェックリスト「悪～神」）について、間違った漢字を示された際、その部分を修正できる（教師が作成した漢字テストで70％以上）」
①－2　「クラスの漢字テストで毎回10問中7問は正解する」
②－1　「指導者によるモデル作文を見た後、（指定された）接続語を使って原稿用紙1枚分の作文を書くことができる」

短期目標	具体的な課題（手だて・合理的配慮）	達成度	習得している部分（＋）	未習得の部分、誤りの特徴（－）	その他、特記事項
①－1	「開～客」10個の漢字の間違い探し（修正できなかったものについては、指導者の方で、形の特徴を言語化する）	6／10	「開、階、館、岸、起、客」（以前、館の「食」が修正できなかったが今回は○）	「寒、感、漢、期」（構成が複雑な漢字は難しい。細かい部分までみることができない）	練習した漢字にシールをはるのがうれしそう。
①－2	明日の漢字テストのリハーサル。宿題に出しておいたテストに出る漢字10個のチェック（本番と同じ要領で行う）	9／10	「券」以外のすべて（宿題の効果があったようだ）	大まかな形としてはとらえられているが、部分的に「刀」が「力」になってしまう等、細かい部分まで正確に書けない。視覚的な認知の問題と運動の問題、両方が考えられる。	不器用さの問題もあるので、本番のテストでもこの点について配慮する必要がある。
②－1	「しかし、けれども」など、逆接の接続語を用いて作文する（書く前に本人に構想を話させる）	7行 接続語の使用は○	指導者のモデルを見てすぐに構想が浮かんだ様子。内容も適切。以前学習した順接の接続語も入れることができた。	時間がかかるため、内容的には完成していても、書き終わらない。習った漢字を積極的に使おうとするが、マス内に入らなかったり、思い出すのに時間がかかったりしてしまう。	パソコンの導入など代替手段の活用も考えていく必要がありそう。

column 8 通常の学級での特別な配慮とは？

LD等のある子どもたちに対して必要とされる「通常の学級内での配慮」の実態を明らかにすることを目的に研究が行われました。なお、ここでいう「配慮」とは、学級担任の先生が、「教材・教具」「課題の分量や提示方法」「評価の基準」等、個々の子どものニーズに合わせて調整していくことを指します。

文献研究などから抽出された配慮の項目は、全部で 68項目に上りました。これらを共通した要素ごとにグルーピングしたものが表5-4（P80～81）です。

LD等の子どもの教育において、このような配慮を学級の中で行うことは不可欠ですが、実際の学級の中でどのような配慮が、どの程度実施しうるものなのかについて、日本ではあまりよく知られてはいませんでした。そこで、この研究では、小学校の学級担任の先生方（最終的に分析されたのは 411名）を対象に「配慮の実施に際しての容易さ（実際に実施しているか否かに関係なく、容易と感じるかどうか）」「配慮の実施状況」などについて調査しました。

その結果、「容易だと感じる項目」として挙がったのは、「授業で使うノート、教材、文房具など最低限必要なものだけを机上に用意させる」「名前を呼んだり、声かけをしたり、目を合わせたりして、注意を引きつける」「約束ごとが守れたり、望ましい行動をとれたりしたときには、すぐにほめる」などでした。

一方、容易と感じる度合いが低かったのは、「テストの解答に、代筆やレコーダー、パソコンの使用を認める」「あらかじめ板書の内容をプリントなどにして渡しておき、手元に置かせる」など、教材等の準備や設備などが求められるものでした。

さらに、「配慮が容易」と回答した項目に対して、「配慮の実施状況」について尋ねたところ、その多くが「個別にではなく、すべての子どもを対象に行っている」との結果でした。

これらの結果は、LD等の子どもへの配慮が、ひいては学級全体への配慮につながる可能性を示唆しています。もちろん、その逆も然りで、学級全体へのこうした配慮が、結果的に LD等の子どもへの有効な支援になっていることも十分に考えられます。他方、容易と感じる度合いが低い項目であっても、これらの子どもが必要としていることに変わりはないため、いかに実施の可能性を高めていくことができるかについては、引き続き考えていかなければなりません。

玉木宗久・海津亜希子・佐藤克敏・小林倫代（2007）「通常の学級におけるインストラクショナルアダプテーションの実施可能性―小学校学級担任の見解―」『LD研究』16 (1) ,62-72

表5-4　文献研究などから抽出された配慮の項目

聞く

- 話をするときには、指示代名詞を使わないで、具体的に、短く、はっきり、ゆっくり、繰り返し話す。
- 話の見通しをもたせるために、あらかじめ要点を挙げる。
- 話の内容や重要なポイントが理解できているかどうか個別に聞いたり、言語化させたりして確認する。
- 黒板に指示内容を書いたり、話に関係のある絵を用意したりして話す。

話す

- 子どもが話そうとしていることを適切なことばで表現したり、補ったりする。
- 子どもの話をじっくりと聞き、子どもが話した内容についてそのポイントを整理して確認する。
- 子どもが話しやすいように、いくつかの選択肢を示したり、実物や写真や絵などを用意したりする。
- 発表のときには、あらかじめ話すことを書いておいてから発表させるようにする。
- 「いつ」「だれが」「どこで」「どうした」という疑問詞を提示し、それに合わせて話をさせる。

読む

- スリットをあけた厚紙を使ったり、定規・指を当てたりすることで他の行を見えないようにして、読んだり、書いたりさせる。
- 文章の大事なところや段落の関係について、絵、写真、図、文字、もしくは実際の動作を利用して、理解させる。
- 要点やキーになることばや読み間違うことばなどに印をつけて提示する。
- 単語ごと（もしくは文節ごと）に横線を入れたり、分かち書きにしたりする。
- 漢字にふりがなをふる。
- 事前に読むところを伝え、家で練習してもらう。
- 教科書の字を拡大する。
- テストのときに、読むことが苦手な子どもに対して問題文を読み聞かせ、内容を伝える。

書く

- ノートのマス目の大きさや罫線の幅、プリントの文字などを拡大する。
- あらかじめ板書の内容をプリントなどにして渡しておき、手元に置かせる。
- 書きやすいペンや鉛筆、消しやすい消しゴムを利用させる。
- 漢字の構成要素（へんやつくり）を色分けして示したり、部首の意味を教えたりする。
- 板書の書式（左から右へ書くなど）を決めておく。
- 何についての作文を書くか、事前に予告しておく。
- 写真など、作文を書くときの手がかりを用意する。
- ポインタを利用して、黒板に注意を向けやすいようにする。

計算する・推論する

- 視覚的な手がかり、もしくは具体物を使って教える。
- 定規やコンパスは、使いやすい大きさのもの、目盛りの見やすいものを使用させる。
- マス目のある用紙を使用し、問題を写したり、計算したりするときの位取りをわかりやすくする。
- 形の特徴や位置の関係など、なるべくことばで説明を加えるようにする。

不注意

- 名前を呼んだり、声かけをしたり、目を合わせたりして、注意を引きつける。
- 課題のどこから始めるのか、どこまで終わったのかをわかりやすくするために、付箋を付けたり、シールをはったりするなどの目印をつける。
- 授業で使うノート、教材、文房具など、最低限必要なものだけを机上に用意させる。
- 指示や教示を行うときには、近くで行い、必要があれば肩などに手を置いて行う。
- プリントや教材を整理するための箱やかごを用意する。

- 課題の手順、作業の終了、約束事、必要な物などについて、文字や絵などでリストを作成し、随時確認できたり、ふり返ったりできるようにする。
- メモをとるようにさせ、メモをなくさないように置き場所を決めて確認する。

行動面／情緒面

- 約束ごとが守れたり、望ましい行動をとれたりしたときには、すぐにほめる。
- 当たりまえのことであっても、適切な行動（いすに座っている、大声を出さないなど）ができていたら、ことばでほめる。
- 他の子どもたちにその子の特性について理解してもらえるように、工夫して伝える。
- 混乱したときどうすればいいのかを伝える（困ったときは周囲の助けを呼ぶ、かっとしたらその場を離れるなど）。
- 守るべきルールや約束ごとのいくつかを子どもと相談して決める。
- 注目を引くために起こしている「大声を出す、席を離れるなど不適切な行動」については、反応しない。
- 子どもどうしが互いの良さを認め合う機会をつくる。
- グループを編制する際には、メンバーに留意する。
- 予定を変更する場合は、直前になって知らせるのではなく、事前に伝え、変更後の予定を視覚的に確認できるように明示する。
- シールなどによるポイント制を利用する。
- 混乱を引き起こす原因やもの（大きな音や声、ざわざわした雰囲気、注意を引く刺激など）を、可能な限り取り除く。
- 子どもの特性を踏まえて役割の分担を考える。
- 問題行動への対処の仕方などをあらかじめ決めておき、一貫した態度や行動をとる。

作業／領域全般

- 道具を使うときは、手を添えて使い方を教える。
- 作業や課題は、一度に達成することが可能な量になるように、小さなまとまりに分ける。
- 子どもが意欲的に取り組める教材（興味を引く教材、見やすい教材、図や絵などを取り入れた教材）を作成する。
- 活動にメリハリをつけて（例えば、穏やかなものとアクティブなものを準備したり、途中で体を動かす活動を入れたり、休憩を入れたり、板書消しやプリント配りなどの役割を与えたり）授業を構成する。
- テストの解答において許容度をひろげる（例：漢字のとめ、はねなど）。
- 活動内容や課題の難易度を子どもに合わせて用意し、子どもが選択できるようにする。

条件整備（場、時間、道具、人材）

- 座席を教師のそばにしたり、落ち着いた子どもの間にしたりなど、座席位置を工夫する。
- 問題や宿題の量を子どもに合わせて少なくする。
- 提出期間・テスト時間を、長くしたり短くしたりして調節する。
- 個別の指導の時間を設ける。
- TTを活用した授業を計画する。
- 少人数の授業（ペアやグループ学習など）の時間を設ける。
- ことばの意味を調べるとき、電子辞書の使用を認める。
- 授業のとき、掲示板にカーテンを引くなどして刺激を調節する。
- テストの用紙を拡大したり、問題用紙に載せる問題数を少なくしたりする。
- 作業がしやすいように、大きめの机を用意したり、立って作業できる場所を設定したりする。
- ノートをとる代わりに、レコーダーやノートのコピー、パソコンを利用するなどの方法を認める。
- 落ち着いて学習できる空間、混乱したときに落ち着ける空間を準備する。
- テストの解答に、代筆者やレコーダー、パソコンなどの使用を認める。

column 9

まずは自分の授業スタイルを把握することから

—あ・つ・みポリシーを意識した授業づくり—

セルフ授業改善ツール「あ・つ・みファイル」

1「あ・つ・み」という考え方

日々の取り組みの中で、自分自身の授業を振り返ってみることは大事なことではありますが、なかなか大変な作業です。今行っている実践が本当に子どもたちにとって効果的なものなのか疑問に感じていたり、授業を改善したいけれど、それをどのようにして進めていけばよいのかわからず悩んでしまったり……そんな、先生方も多いのではないでしょうか。そのような先生方にぜひお勧めしたいのが「あ・つ・みファイル」というツールです。

「あ・つ・みファイル」は、独立行政法人国立特別支援教育総合研究所の「小・中学校等における発達障害のある子どもへの教科教育等の支援に関する研究」の中で、開発したセルフ授業改善ツールになります。通常の学級の先生が、たとえ一人であっても、思い立ったらすぐにでも改善への第一歩が踏み出せるよう、まずは自分の授業スタイルを実態把握し、その上で、学級での指導・支援を「計画→実践→評価→改善」していけるように、さまざまな工夫を凝らしているのが特徴です。

一番の特徴は、何といっても「あ・つ・み」ポリシーという授業づくりの基本的な考え方を組み込んでいることです。これは、

①子どもに多様な方法で**あ**わせよう

②子どもにわかりやすく**つ**たえよう

③子どもをあらゆる面で**み**とめよう

の3つの側面から成るもので、「あ・つ・み」の名称は「あわせよう」「つたえよう」「みとめよう」の頭文字をとって名付けています。

「あ・つ・みポリシー」は、様々な文献をレビューする中、学びのユニバーサルデザインの3原則（CAST, 2008）や、米国National Reading Panel（2000）がまとめたエビデンスのある読みの指導、そして、カウンセリングマインドの考え方を参考にしながら、授業、または、特別支援教育で大事だと考えられているポイントをわかりやすく、かつ、シンプルに概念化したものです。このポリシーを考え出した背景には、how to に頼るのではなく、子どもに向かう際の根幹となるものが、先生方の中にしっかり宿るようにとの思いがありました。

このようなポリシーを意識することで、常に子ども一人ひとりのニーズに寄り添うよう方向づけられ、おのずと授業や指導が修正・改善されていくと考えていきます。この考え方は、いわば授業を組み立て、行っていく際の司令塔のような役割を果たしているとイメージできるかもしれません。

2「あ・つ・み」ファイルの具体的な進め方

ここからは具体的な実践の仕方を紹介します。

はじめに、「あ・つ・み」ファイルでは、「あ・つ・み」ポリシーに対し、自分自身の日々の実践を振り返ってみることから行います。具体的には、ファイルの中にある「先生の授業づくりチェックリスト」を使って検討します（表5-5）。このチェックリストは、「あ・つ・みポリシー」と、7つの「先生の授業づくりの観点」（「先生の授業づくりチェックリスト」の左側）の2つの軸をクロスして、考え得る具体的な支援の手立てを分類整理したものです。

日々の授業や指導を振り返り、各項目の支援を「いつもしている（4点）」「時々している（3点）」「あまりしていない（2点）」「全くしていない（1点）」をつけます。次に、それぞれのカテゴリー毎に合計得点を出し、「あ・つ・みポリシー」と「先生の授業づくりの観点」のそれぞれのレーダーチャートにプロットすると、各々の傾向をつかむことができます。

図5-7には、レーダーチャートの例を示しました。上段の（a）は「あ・つ・み」ポリシー、下段の（b）は「授業づくりの観点」の結果になります。

図5-7の結果を例にみてみると、（a）では、「つた

える」の得点が高く、②の「子どもにわかりやすくつたえよう」というポリシーを重視している先生であることがわかります。しかし、「みとめる」の得点は低く、③の「子どもをあらゆる面でみとめよう」については、十分に意識されていないことが推測できます。また、(b) では、「学級経営」「授業の構成・教具」「教室環境」「呈示の仕方や話し方」の得点は高く、それらの側面での支援は充実していますが、「学習形態」や「テストの配慮・学習評価」に関わる支援は、あまり実施されていないことが結果から読み取れます。

このように「あ・つ・みファイル」では、アセスメントに基づいて、自分自身の実践の全体を俯瞰し、基本的なポリシーへの姿勢や授業づくりの傾向を客観的に知ることができます。このようなプロセスを踏むことで、より効果的な指導・支援の計画・実施が可能になるといえるでしょう。なぜなら、アセスメントの結果から、自分自身の実践において意識しづらかった部分を補強したり、それまで知らなかった（レパートリーになかった）指導・支援に気づいたりすることができるからです。こうした取組が、授業をバランスよく整えていくことにつながると考えます。

私たちは、これまでいくつかの学校と協力して実践研究を行い、このような「あ・つ・み」ファイルの有用性を確かめてきました。協力してくださった先生方へのインタビューからは、「普段していなかったことを意識的に行うようになった」「日頃、意識せずにやっていたことの目的や意図がはっきりしてきた」「今までは、漠然と生徒や授業について振り返ったり、分析したりしていた」「自分のことを客観的にみることで、自分の分析もよくできた」といった声が多く聞かれ、開発当初に考えたねらいが、発揮できていることを確認することができました。

また、「あ・つ・み」ファイルを利用することで、(a) 教員の行動や意識が変わり、授業や指導が改善される、(b) 授業に対する生徒の評価が改善される、(c) 特別な教育的ニーズのある子どもの学習や行動面にもよい影響がある、などの良い効果が期待できることも示唆されました。

特に、「あ・つ・み」ポリシーに関しては、ある先生は「今までは、どこか自分のペースで授業をやっていたけれど、子どもの全体の様子をみて、『あわせよう』という気持ちになった」「授業のレベルを上げたり、下げたりするのではなくて、子どものペースとか、感じ方に合わせるということを感じた」という感想を述べていました。授業改善を進めていく中で、子ども一人ひとりの教育的ニーズに応じる支援とは何かということ一すなわち、特別支援教育のマインド一についても自然に学習できる、そのような効果も期待できると思われます。　（玉木 宗久）

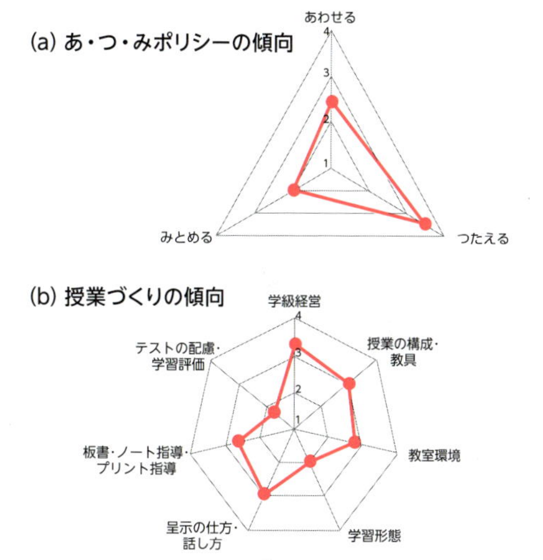

図5-7　レーダーチャートの例

CAST (2008) Universal design for learning guidelines version 1.0. Wakefield, MA: Author.

海津亜希子・玉木宗久・伊藤由美・涌井恵・大城政之（2012）中学校における支援に関する研究．平成22-23年度国立特別支援教育総合研究所重点推進研究成果報告書『発達障害のある子どもへの学校教育における支援の在り方に関する実際的研究―幼児教育から後期中等教育への支援の連続性―』．http://www.nise.go.jp/cms/resources/content/7058/seika81.pdf（2017年2月20日確認）

National Reading Panel (2000) Teaching children to read: An evidenced assessment of the scientific research literature on reading and its implications for reading instruction. Washington, DC: U.S. Government Printing Office.

玉木宗久・涌井恵・海津亜希子・伊藤由美（2010）学級サポートプラン（監）（あ・つ・みプラン）．平成20-21年度国立特別支援教育総合研究所重点推進研究成果報告書『小・中学校等における発達障害のある子どもへの教科教育等の支援に関する研究』．http://www.nise.go.jp/cms/resources/content/403/c-83.pdf（2017年3月2日確認）

表5-5　先生の授業作りチェックリスト

資料Ⅱ-2

先生の授業作りチェックリスト

（ いつもしている＝4　ときどきしている＝3　あまりしていない＝2　まったくしていない＝1 ）

月　　　日　　名前（　　　　　　　　）

		子どもにあわせる	評価		分かりやすくつたえる	評価		子どもをみとめる	評価	
Ⅰ 学級経営	1)	一貫した対応をする		2)	混乱した時の対応の仕方を伝える（困った時は周囲の人に頼む、かっとしたらその場を離れるなど）		6)	子どもどうしが互いの良さを認め合う機会をつくる		
				3)	見通しがもてるように予定を伝える		7)	大声を出す、席を離れるなど、子どもの行動の意味を考える（例えば、注目して欲しい、指示がわかりづらい）		
				4)	学級の中のルールをわかりやすく伝える		8)	質問しやすい雰囲気を作る		
				5)	用意するものを伝える		9)			Ⅰ得点　÷8＝
Ⅱ 授業の構成・教具	1)	子どもの実態に合わせ、達成可能な目標やねらいを設定する（状態を把握しやすい観察や測定が可能な目標を設定する）		7)	設定した目標やねらいを分かりやすく伝える		13)	伸びる力に目を向ける		
	2)	活動内容や課題の難易度を子どもに合わせて数種類用意し、子どもが選択できるようにする		8)	子どもに学習の流れを伝える		14)	説明中心でなく、子どもが取り組みたいと思う学習課題を作る		
	3)	子どもにあわせて授業の構成を工夫する		9)	授業に取組やすいように準備しておくことを伝える		15)	子どもどうしが互いの良さを認め合う機会をつくる		
	4)	内容が理解できているか授業の中で複数回確認する		10)	機器や教材 教具の使い方を子どもに分かるように示す		16)	約束ごとが守れたり、望ましい行動をとれたりしたときには、すぐにほめる		
	5)	教科書以外の機器（視聴覚機器など）や教材（ワークシートなど）を積極的に活用する		11)	個々の子どもの様子を把握するため机間指導をする		17)	できていることを認めたり、ほめることができるように、教材を工夫する。		
	6)	子どもにあわせた多様な教材を用意する。		12)	解答を導くための手がかりを伝える		18)	好奇心ややる気をそそる教材を作成する		
							19)	子ども同士の学習内容のふりかえりの機会を設定する		
							20)	子どもが自分の学習内容をふりかえる機会を設定する		
							21)	子どもの特性を認める		
							22)	積極的に子どもの良いところを見つけてほめる		
							23)	良いことを見つけた際には、その場ですぐにほめる		
							24)	取り組めるよう、はげます		Ⅱ得点　÷24＝
Ⅲ 教室環境	1)	子どもの状態にあわせて環境（刺激）を調整する		4)	掲示物を整理して、必要な情報のみを伝える		5)	子どもが成就感を感じられる展示を工夫する		
	2)	座席を配慮する								
	3)	学習しやすい環境作り								Ⅲ得点　÷5＝
Ⅳ 学習形態	1)	子どもの特性を踏まえて役割を決める		5)	グループのねらいをわかりやすくを伝える		6)	子どもどうしが互いの良さを認め合う場面を設定する		
	2)	メンバーに留意してグループを決める					7)	グループわけを肯定的な意味づけで行う		
	3)	複数の教師で指導を行う場合、教師間の連携をとっている								
	4)	一斉学習だけでなく、子どもの習熟度や学習のねらいに合わせた学習形態を考える								Ⅳ得点　÷7＝
Ⅴ 指示の出し方・話し方	1)	作業や課題は達成可能な量になるよう、小さなまとまりに分ける		3)	適切な声量で、間をとり、ゆっくり話す		5)	子どもが話そうとしていることを適切なことばで表現したり、補ったりする		
	2)	子どもにあわせた指示の出し方や話し方をする		4)	簡潔で分かりやすい言葉づかいで伝える		6)	好奇心ややる気をそそる発問を工夫する		Ⅴ得点　÷6＝
Ⅵ 板書・ノート指導・プリント指導	1)	子どもに分かりやすい文字の大きさで書く		7)	板書の書式（左から右へ書くなど）を決めて伝える		13)	必要なことが書けていることをほめる		
	2)	文字を詰めず、子どもに分かりやすい文字量にする		8)	ノートをとる必要のある箇所をはっきりさせる		14)	少しでも書けていることを認めて褒め、最後まで取り組み続けられるように、はげます		
	3)	子どもに分かりやすいレイアウトにする		9)	黒板に指示内容を書く					
	4)	教師の板書の時間を短くする		10)	ノートやプリントに書く内容と書き方を具体的に伝える					
	5)	プリントは見やすいレイアウトにする		11)	ノートの取り方を指導する（赤ペンの使い方）					
	6)	ノートを取る時間を十分に確保する		12)	「○○分まで」と終わりの時間を黒板に書いて伝える					Ⅵ得点　÷14＝
Ⅶ テストの配慮・学習の評価	1)	いろいろな評価を用意する（評価の多様性）		7)	テストの際、何をすべきか（実施要領や目的）を明確に伝える		10)	テストの際、どういう配慮が必要か子どもと話しあう		
	2)	テストやレポート提出等の時間の調節をする		8)	事前にテストのやり方を伝えておく		11)	評価の際、積極的に子どもの良いところを見つけてほめる		
	3)	テスト用紙や回答用紙の工夫をする		9)	テストで何が求められているか、具体的な言葉で伝える		12)	子どもの進歩を分かち合う		
	4)	問題の出し方や答え方に選択の幅をもたせる								
	5)	テストの受け方に選択の幅を持たせる								
	6)	テストの採点において、本筋でないところで減点せずに、許容度を広げる								Ⅶ得点　÷12＝
		「あわせる」得点　÷28＝			「つたえる」得点　÷23＝			「みとめる」得点　÷25＝		

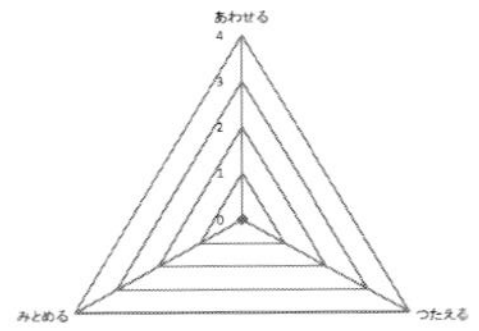

あつみポリシーの傾向

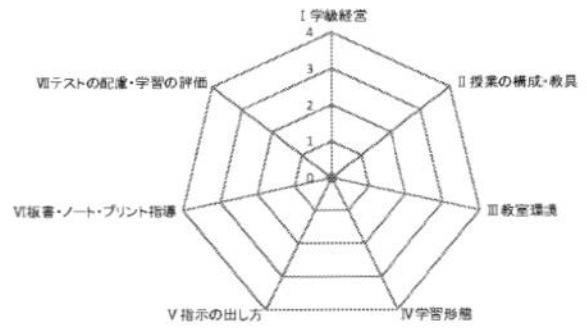

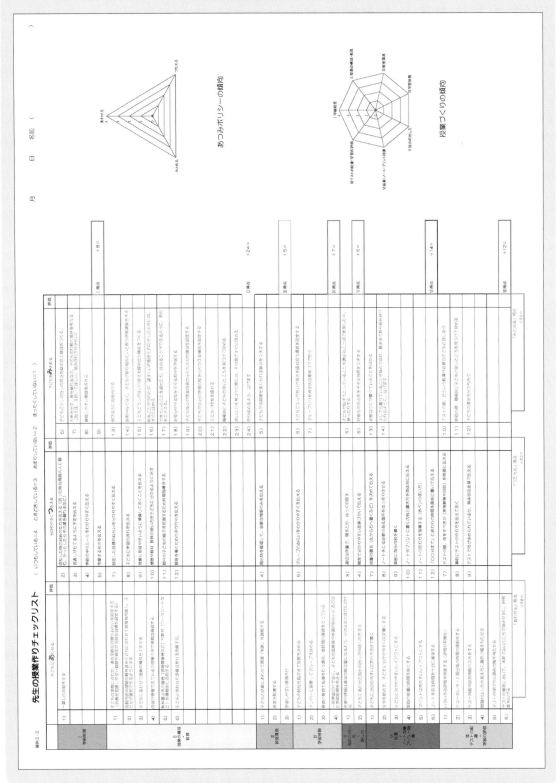

授業づくりの傾向

第6章

次につながる評価を
—総合評価—

この章では……

総合評価でのポイントについてみていきます。
短期目標そして長期目標の評価記述の方法を取り上げます。
さらに、数値で評価することが難しい課題（作文など）の
評価方法についても取り上げたいと思います。

総合評価でのポイント

ここでのポイントをみてみましょう。

表6-1　総合評価でのポイント

① 目標に対する達成度を適切に評価する

② 指導内容や方法を評価する

③ 来学期・次年度の計画を作成する（ビジョンをもつ）

④ 本人・保護者への報告・説明を行う

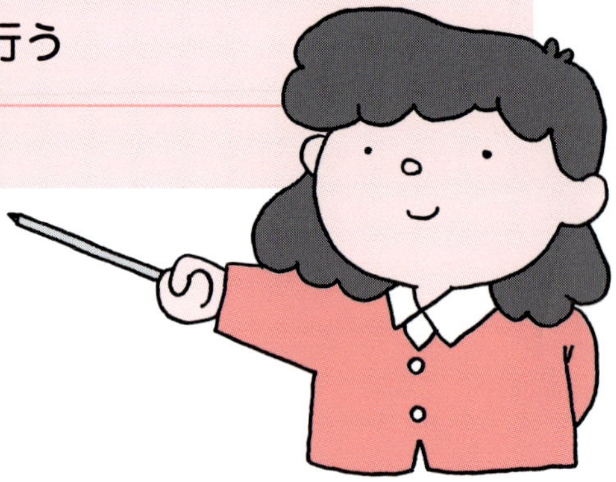

このプロセスでとらえること ―えがお君の場合―

先のポイントにしたがって「えがお君の総合評価」はどのように行われているでしょうか。

表6-2　えがお君の「総合評価」の例

3学期の短期目標は「4年生の漢字100字（チェックリスト「照〜録」）について、間違った漢字を示された際、その部分を修正できる（80％以上）」「作文の中で、今まで習った漢字については、100％使用できる（辞書を引いても可）」「接続語、会話文、比喩を使って原稿用紙1枚分の自由作文を書くことができる（パソコンで書いても可）」であった。一つ目の短期目標以外は達成することができた。漢字については、正答率が70％であったが、作文については、原稿用紙1枚以上の作文を書くことができた。（→ポイント①）

最終的に「習った漢字を作文の中で使うことができる」「長い作文を書くことができる」という長期目標についても、辞書の利用や、事前に口頭によるやり取りで構想を練ること等により、達成することができたと判断する。

漢字の形をとらえやすく、また記憶しやすくするため、意味づけしたり、言語化したりするといったスキルは、本人にとって有効であった。作文については、書けるようになったものの書字に時間がかかることや、構成の複雑な漢字の誤りもみられた。ワープロ機能のある機器の導入にあたっては，まずはキー操作の練習の必要がありそうだ。（→ポイント②）

来年度は、5年生相当の漢字についても取り上げること、漢字の読み書きに関して、電子辞書等の活用ができること、作文に際し、パソコンのワープロ機能を活用できること等を目標にしよう。（→ポイント③）

えがお君とこれまでの学習について振り返るとともに、個別の指導計画を保護者に渡し、説明を行った。漢字テストや作文を家で見せるなど、自信をつけている様子がみられるとの報告も受けた。（→ポイント④）

評価の記述の仕方

短期目標を具体的に立てれば、日々の指導の目標が明確になり、おのずと評価も容易になります。日々の評価が明確になされれば、短期目標、ひいては、長期目標の評価も容易になります。すなわち、目標を具体的に立てること、日々の評価をしっかりと行うことが、次の明確な指導へとつながっていくのです。

ここでは、日々の評価を受けての短期目標の評価、短期目標の評価を受けての長期目標の評価、総合評価の記述の仕方についてみていきます。短期目標から次の短期目標へ移る際の評価、1年を終えた段階での長期目標の評価として以下のような記述例も使うことができます（表6-3）。

表6-3　評価結果の記述例

- 目標は達成できた。次の目標に進む。
- 向上はみられたが、目標達成にはもう少し時間が必要である。
- 予測していたよりも、向上がみられなかった。
- 欠席や遅刻が多く、（物理的な結果）向上がみられなかった。
- 目標として適切ではなかった。設定目標が高すぎた。

数値化するのが難しい課題をどう評価するか

例えば、算数・数学のような領域・課題であれば、「10問中8問できた」「○か×か」など、比較的はっきりと評価できます。しかし、数値化するのが難しい課題についてはどのように評価すればよいでしょうか？

数値化するのが難しい課題の一つに、作文が挙げられます。作文などは、読み手によって感じ方も様々であり、数値化して評価できるものでもありません。しかし、数値化できないにしても、共通の視点をもとに評価することで、客観化は可能になると考えます。そこで考案したのが、P89のシートです。「9. 全体的な評価」が、作文の完成度（水準）の評価に当たります（すなわち、数値が高い方が優れた作文と判断できます）。それ以外の評価の視点は、必ずしも、作文の総合評価ではありません。むしろ、子どもが作文を書く過程の把握（アセスメント）と言えるかもしれません。これらの視点に基づいて評価した結果は、次にターゲットとなる目標は何か、どのような指導・支援が必要かを考える際に役立っていきます。

例えば、誤字脱字が多い作文になってしまうのは、一度も再読しないことからくることがこの評価からわかれば、「『6. どれくらい頻繁にストップして再読したか？』の数値を高める」ことを目標にし、「再読を促すような指導や支援を行う」ことを手立てとする、などが考えられます。このような目標で

表6-4　作文の評価 ―「えがお君」の場合―

資料1-6

作文の評価

作文の評価

1. テーマは　教師が選んだものか？（　）　子どもが選んだものか？（○）

2. テーマについての子ども側の要因

	低い			高い
事前の知識	1	2	③	4
関心	1	2	3	④

3. 子どもはどのことに時間を費やしたか？
   テーマを考えることに（　）
   テーマは決まったが、内容を考えることに（○）
   文字の想起に（○）
   観察できなかった（　）
   教室の外での調査に（　）
   文法的な構造に（　）
   内容について話すことに（　）

4. どのような手段で行ったか？　それについての能力は？
   手書き（○）　ワープロ機能を持つ機器（　）　口頭（　）

	低い			高い
流暢さ	①	2	3	4

	めったにない			しばしば
5. どれくらい支援を求めたか？	1	2	③	4
6. どれくらい頻繁にストップして再読したか？	1	2	3	④
7. 再読することで変化が生じたか？	1	2	3	④

8. 変化したのは（最初の原稿から最後の原稿の間で）
   文字や語を正しく書くこと（○）
   語い（　）
   段落の移動（　）
   細かい文（詳細さ）の付加（○）
   その他（　）
   文法の正確さ（　）
   形容詞や副詞の付加（○）
   題名（○）
   文体の調整（　）

9. 全体的な評価

	低い			高い
主要とするテーマと関連している	1	2	3	④
論理的である	1	②	3	4
伝えたい内容が明瞭に書かれている	1	2	③	4

10. 子どもは最終的に完成した作文を誰と共有したか？
   クラスで読み上げた（　）
   印刷した（クラスの出版物、学校新聞等）（○）
   保護者に読み上げた（○）
   小さなグループの前で読み上げた（　）
   教師に読み上げた（○）
   誰とも共有していない（　）

一定期間指導を行い、再度評価したところ、「6. どれくらい頻繁にストップして再読したか？」が「1」から「4」に上がり、さらには、「8. 変化したのは？」の項目で「文字や語を正しく書くこと」に○がつけば、この目標は達成されたとみなすことができるかもしれません。このようにして、形成的な評価にも利用できます。

ここでは、作文の評価について、えがお君の例を挙げています（表6-4）。

指導内容や方法の評価が実はとても大切

評価するのは子どもに対してのみではありません。子どもの目標達成のために用意した、こちら側の手だて、支援についても評価することが不可欠になってきます。

例えば、4章の中で学習スタイルの話をしましたが（P59-60）、これらが該当するのは何も子どもだけではありません。指導する側も、いわば授業を行うスタイルのようなものをもっています。指導者の指導スタイルが合う子どもにとってはよいのですが、そのようなスタイルではちょっとわかりにくいという子どもも中にはいます。そこで、指導する側としては、一つの内容を教えるにしても、いくつかバリエーションをもつことが求められてきます。

米国では、226万人強の子どもが LDと判断され、スペシャルエデュケーションを受けています（U.S. Department of Education, National Center for Education Statistics, 2016）。しかしその中には、必ずしも LDではない子どもも含まれていると言われています。つまり、学習することの難しさより、教え方が原因で、誤ってLDと判断されてしまっているというのです。そこで、米国では、LDの判断がなされる前に、まずは、いかに効果的な指導ができているかということに焦点が当てられるようになってきています（RTI＝Response to Intervention モデルという考え方。これは、子どものニーズを定期的なアセスメントで追いながら、多様で多層化された指導・支援を行い、他の子どもには伸びがみられているにもかかわらず、その子だけに伸びがみられない場合に、LDの可能性を考えていくもの）。

日本の LDの定義にも、LDということを判断する際の除外規定として「環境的な要因が直接的な原因となるものではない」（文部省, 1999）との文言が入っています。仮に、教材や教え方、環境設定等の外的な要因が十分に整えられていなければ、LDの症状を示したとしても何ら不思議はないでしょう。つまり、こうした外的要因が背後にあると推定される場合には、LDと呼ばないということになります。

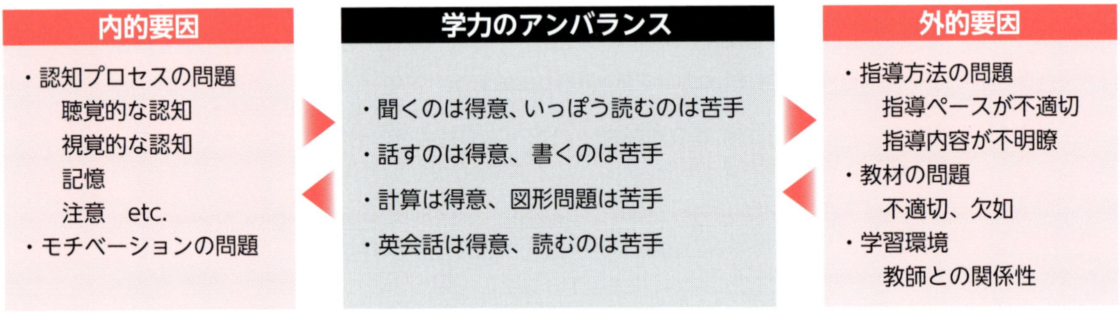
内的要因
・認知プロセスの問題
聴覚的な認知
視覚的な認知
記憶
注意　etc.
・モチベーションの問題
学力のアンバランス
・聞くのは得意、いっぽう読むのは苦手
・話すのは得意、書くのは苦手
・計算は得意、図形問題は苦手
・英会話は得意、読むのは苦手
外的要因
・指導方法の問題
指導ペースが不適切
指導内容が不明瞭
・教材の問題
不適切、欠如
・学習環境
教師との関係性

図6-1　学力のアンバランスを生じさせる影響因（海津, 2006）

このように、LDを内在している問題としてとらえる際には、外的要因が十分に整えられているという証明が求められます。そのような前提があってはじめて、LDか否かということが判断できるのです。換言すれば、指導する側は、常に、子どもたちに対して「効果的な指導」を提供しなくてはならないということになります（図6-1）。

LD等、発達障害に関することが周知されるにつれ、学習面でつまずきがみられた場合、ともすると「LDかも……」と子どもの側に帰結されることも少なくありません。もちろん、子どもの状態像にせまることは重要です。しかし、同じくらい大切なのが、指導する側が自分自身の指導を振り返ることであり、それが最初の一歩として実施しうるアセスメントともいえるのではないでしょうか。つまずきがみられた際には、こうした両方向からのアプローチが不可欠です（図6-2）。

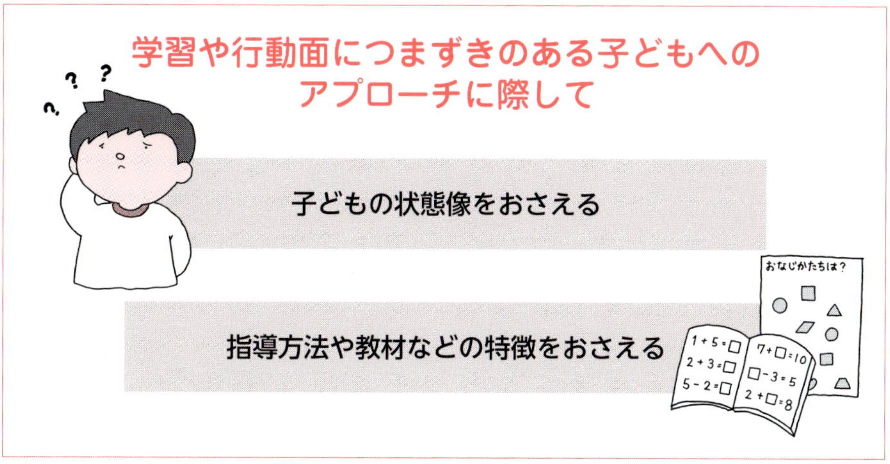

図6-2　学習等につまずきのある子どもへの二つのアプローチ

ゴールは次のスタートラインにつながる

子どもがどういう能力やスキルを身につけたかというのも重要な情報ですが、どういう手だてが効果的であったかというのも、非常に有益な情報になります。その子どもにとって効果的なかかわり方や手だてを先生が発見しても、それがうまく引き継がれず、次に担当する先生がまたゼロから始めるのでは大変です。このようなことは、子どもそして先生にとっても幸せなこととは言えません。

そこで、この個別の指導計画をバトンとして機能させることが求められてきます。子どもをよく知る先生から、次にその子の力になる先生へ、大まかな指針、方向性を伝えることで、道に迷うこともなくなるのではないでしょうか。

個別の指導計画のいちばんの主役は、子どもでありその保護者です。保護者にはもちろんですが、子どもとも、ゴールに対する評価結果についてぜひ話し合いたいものです。そのためにも、目標を立てる段階から、わかりやすいことばで立てておくことが求められます。子ども本人がどんな目標をめざして進み、どこまで達成できたかを知るのは、当然のことといえるかもしれません。

column 10 先生だって様々……指導のバリエーションを増やそう

ハナコ先生は、お話しすることがとても上手な先生です。いつも子どもたちには、はっきりと、テンポ良く、わかりやすいことばで説明します。

例えば……「今日は、一つめには○○をしますよ。二つ目には、△△をして、最後に□□をします」といった具合です。

国語の教科書を教えるときには、段落の内容を細かく一つ一つ取り上げ、最後にそれらのまとめをするのがいつものやり方です。

ハナコ先生はどちらかというと、聴覚にうったえる逐次的な説明が多いようです。一方、ミルオ先生はどちらかというと視覚にうったえ、包括的な説明が多いようです。

ミルオ先生は、絵を描いたり、何かを作ったりするのがとても上手な先生です。

完成したものを見せながら、「今日は、こんなことするよ」と言ったり、実演しながら「こんな風にやるんだよ」といった具合です。

国語の時間には、初めて読んだ文章でも、「どんな感じがした？」と大まかな感想を求め、徐々に細かくみていくのがいつものやり方です。

各々、このやり方にピタリと合う子どもにとっては、とてもわかりやすく、いつも楽しみながら授業を受けることができます。

でも、もし、違うやり方の方を好む子どもがいた場合にはどうでしょう？　そんなとき、異なるやり方を少しでも取り入れることで、いつもと違う子どもが元気よく手を挙げ、笑顔を見せてくるかもしれません。

column 11 個別の指導計画がもたらすメリットは？

LD等の子どもが在籍する通常の学級の先生と、1年を通じて個別の指導計画に関する研究を行ったことがあります。個別の指導計画を立てることが、対象とする子どもにとってメリットであることは疑いありません。しかし、果たしてそれだけでしょうか？

この先生が個別の指導計画を作成して取り組む前後の算数テストの結果では、対象とする子どもの得点だけでなく、クラスの平均点についても向上がみられました。確かに、子ども自身のがんばりやその他の要因が複雑に絡んだ結果と思われます。しかし、個別の指導計画を作成し始めた先生による指導・支援が、効果の一因になっていることも十分に考えられるのです。

研究の中で印象的だったのが、個別の指導計画を作成することで、次第に、先生の中に子どもを見ていく際の視点が構造化されていった点です。つまり、「子どもの実態をとらえた上で、どのような目標を設定することが必要かを考え、目標を達成するための有効な手だてを考案し、目標や手だてについて評価、それをまた次の目標や手だてに生かしていく」という視点です。

このような一連の論理的なサイクルを獲得したことが、対象とする子ども、ひいてはまわりの子どもたちへの効果へとつながっていったと思われました。先生自身の思考が構造化されることによって、実際の指導も構造化されていったと言えます。個別の指導計画の内容や言動からも、先生が明確な指導仮説をもって子どもたちにかかわっていたことは明らかでした。

個別の指導計画を立てて 2カ月後に、「個別の指導計画を立ててみての感想は？」というインタビューを先生に行いました。

- その子のことを細かく見るようになった。他にも気になる子がいたので、ともするとこの子のことはあまり見ることができていなかった。
- その子どもへの声かけを積極的に行おうという意識が高まった。
- 個別の指導計画という記録を残すことによって、以前の様子や経過の振り返りができた。
- 自分が行った手だてについての評価を行うことができたのはよかった。
- 評価を行う必要があるので、子どもへの注目が促された。
- 教材や教具の工夫などは、本児だけでなく、他の児童の理解を深める上でも、たいへん効果的だった。
- クラスの子どもが書く授業の感想が、以前より多くなった。
- 本児への支援ということで考えを進めたが、結局はクラス全体にとって、わかりやすい授業になった。

これらが先生の口から発せられた感想でした。

こうしてみると、個別の指導計画を作成することによるメリットは、その子どもだけでなく、まわりの子どもたち、そして作成する先生自身にもあるような気がしてくるのです。

特別支援教育は、決して一部の子どもに限ったものではないのかもしれません。子ども一人ひとりに合う教育を届けるという教育の根本に立ち戻るチャンスを与えてくれているのではないでしょうか。

海津亜希子・佐藤克敏（2004）「LD児の個別の指導計画作成に対する教師支援プログラムの有効性—通常の学級の教師の変容を通じて—」『教育心理学研究』52, 458-471.

引用・参考文献

第1章

学校教育法施行規則（2016）http://law.e-gov.go.jp/htmldata/S22/S22F03501000011.html（2017年6月18日確認）

発達障害者支援法（2016）http://law.e-gov.go.jp/htmldata/H16/H16HO167.html（2017年6月9日確認）

海津亜希子（2008）教育への参加、アクセスを容易にするインストラクショナル・アダプテーション（アメリカ）．国立特別支援教育総合研究所プロジェクト研究報告書『発達障害のある子どもの早期からの総合的支援システムに関する研究:発達障害支援グランドデザインの提案』, 67.

海津亜希子（2012）子どもの進歩、アコモデーション、モディフィケーション、代替アセスメント. ピーター・ライト、パメラ・ライト、サンドラ・オコナー（著）柘植雅義・緒方明子・佐藤克敏（監訳）アメリカのＩＥＰ（個別の指導計画）障害のある子ども・親・学校・行政をつなぐツール. 中央法規 93-104.

海津亜希子・佐藤克敏（2004）LD児の個別の指導計画作成に対する教師支援プログラムの有効性－通常の学級の教師の変容を通じて－. 教育心理学研究, 52, 458-471.（第6章でも引用）

文部科学省（2001）21世紀の特殊教育の在り方について～一人一人のニーズに応じた特別な支援の在り方について～（最終報告）.

文部科学省（2003）今後の特別支援教育の在り方について（最終報告）.（第2章でも引用）

文部科学省（2008）小学校学習指導要領解説　総則編.

文部科学省（2008）中学校学習指導要領解説　総則編.

文部科学省（2009）特別支援学校　学習指導要領.

文部科学省（2009）高等学校における特別支援教育の推進について・高等学校ワーキング・グループ報告. 特別支援教育の推進に関する調査研究協力者会議高等学校ワーキング・グループ.

文部科学省（2012）中央教育審議会初等中等教育分科会特別支援教育の在り方に関する特別委員会合理的配慮等環境整備検討ワーキンググループ報告―学校における「合理的配慮」の観点―.

文部科学省（2012）通常の学級に在籍する発達障害の可能性のある特別な教育的支援を必要とする児童生徒に関する調査結果について.（第2章でも引用）

文部科学省（2016）特別支援教育部会における議論の取りまとめ（案）. 教育課程部会教育課程企画特別部会. http://www.mext.go.jp/b_menu/shingi/chukyo/chukyo3/053/siryo/__icsFiles/afieldfile/2016/07/29/1374873_4.pdf（2017年3月1日確認）

文部科学省（2016）高等学校における通級による指導の制度化及び充実方策について. 高等学校における特別支援教育の推進に関する調査研究協力者会議報告.

文部科学省（2017）小学校学習指導要領.　http://www.mext.go.jp/component/a_menu/education/micro_detail/__icsFiles/afieldfile/2017/05/12/1384661_4_2.pdf（2017年6月9日確認）

文部科学省（2017）中学校学習指導要領. http://www.mext.go.jp/component/a_menu/education/micro_detail/__icsFiles/afieldfile/2017/05/12/1384661_5_2.pdf（2017年6月9日確認）

文部省（1999）盲学校、聾学校及び養護学校教育要領・学習指導要領

文部省（1999）学習障害児等に対する指導について（報告）.　学習障害およびこれに類似する学習上の困難を有する児童生徒の指導方法に関する調査研究協力者会議.

内閣府（n.d.）障害を理由とする差別の解消の推進. http://www8.cao.go.jp/shougai/suishin/sabekai.html（2017年3月1日）

中根允文、岡崎祐士、藤原妙子訳(1994) ICD-10精神および行動の障害 DCR研究用診断基準. 医学書院.

高橋三郎、大野　裕監訳(2014)DSM-5精神疾患の分類と診断の手引. 医学書院.

東京都教育庁指導部（1997）心身障害教育開発指導資料障害のある児童・生徒のための個別の指導計画Q&A.

U.S. Department of Education(2015)Protecting Students With Disabilities. https://www2.ed.gov/about/offices/list/ocr/504faq.html（2017年3月1日確認）

第2章

石塚謙二・海津亜希子・廣瀬由美子・森秀一郎編（2005）LD、ADHD、高機能自閉症等気になる子への支援完全Q&A. 総合教育技術増刊, 小学館.

海津亜希子（2000）LD児の学力におけるつまずき要因の考察－“学習領域スキル別つまずきチェックリスト”を使って－. LD（学習障害）－研究と実践－, 8（2）63-82.

海津亜希子（2003）LDの学力-認知能力モデルに関する研究－“LDSC”と“WISC-III”との関連から－. LD研究, 12, 182-203.

海津亜希子（2003）LDの学力-認知能力モデルによる類型化に関する研究－学力の状態像から認知能力の予測は可能か－. LD研究, 12, 315-332.

上野一彦・海津亜希子・服部美佳子編（2005）軽度発達障害のための心理アセスメント－ WISC-IIIの上手な利用と事例－. 日本文化科学社.（第3、4章でも引用）

上野一彦・篁倫子・海津亜希子（2008）LDI-R－LD判断のための調査票－手引き. 日本文化科学社.

第3章

Alper, S., Ryndak, D.L., & Schloss、 C.N. (2001) Alternate assessment of students with disabili.ties in inclusive settings. Boston, Massachusetts: Allyn and Bacon.

Gronlund, N.E. (1995) How to write and use instructional objectives (5th ed.). Englewood Cliffs, New Jersey: Merrill.

Hasbrouck, J. & Denton, C. (2005) The reading coach : A how-to manual for success. Longmont、 CO: Sopris West.

第4章

Arena, J. (2001) How to write an I.E.P. (3rd ed.). Novato, CA: Academic Therapy Publication.

Bloom, B.S. (1956) Taxonomy of education objectives : The classification of educational goals : Handbook I, Cognitive domain. New York: David Mckay.

大学入試センター（2016）平成２８年度大学入学者選抜大学入試センター試験受験上の配慮案内.　http://www.dnc.ac.jp/sp/center/shiken_jouhou/hairyo_text.html（2016年12月23日確認）

Department for Education(2014)The national curriculum in England. Key stages 3 and 4 framework document.https://www.gov.uk/government/uploads/system/uploads/attachment_data/file/381754/SECONDARY_national_curriculum.pdf（2017年3月6日確認）

Goh, D. S. (2004) Assessment Accommodations for Diverse Learners. Boston, MA:Pearson Education.

Gronlund, N.E. (1995) How to write and use instructional objectives (5th ed.). Englewood Cliffs, New Jersey: Merrill.

海津亜希子・伊藤由美・玉木宗久・涌井恵（2010）テスト・アコモデーションの検討. 平成20-21年度国立特別支援教育総合研究所重点推進研究成果報告書『小・中学校等における発達障害のある子どもへの教科教育等の支援に関する研究』, 189-234.

海津亜希子・中川由佳子・鳥居深雪・永原鞠子・平木こゆみ・岡田智・守牧子（1999）LD児への指導システムの開発と地域ネットワークにおける役割機能の構築－状態像の把握からIEP（個別教育計画）作成までの流れを中心に－. 安田生命社会事業団研究助成論文集, 35, 27-40.

海津亜希子・佐藤克敏・涌井恵（2005）個別の指導計画の作成における課題と教師支援の検討－教師を対象とした調査結果から－. 特殊教育学研究, 43（3）, 159-171.

海津亜希子・玉木宗久・伊藤由美・涌井恵・大城政之（2012）どの子にもアクセスしやすいテスト作成に関する研究―発達障害のある子どもへのテスト・アコモデーションをめざして―. 平成22-23年度国立特別支援教育総合研究所重点推進研究成果報告書『発達障害のある子どもへの学校教育における支援の在り方に関する実際的研究―幼児教育から後期中等教育への支援の連続性―』, 74-98.（第5章でも引用）

国立特別支援教育総合研究所（n.d.）インクルDB. http://inclusive.nise.go.jp/?page_id=38（2017年3月1日）

文部科学省（2009）特別支援学校学習指導要領解説自立活動編.

文部科学省（2012）共生社会の形成に向けたインクルーシブ教育システム構築のための特別支援教育の推進（報告）.

文部科学省(2017)特別支援学校小学部・中学部学習指導要領. http://www.mext.go.jp/a_menu/shotou/tokubetu/main/__icsFiles/afieldfile/2017/06/02/1386427_2.pdf（2017年6月10日確認）

内閣府（n.d.）内閣府障害者障害者差別解消法リーフレット. http://www8.cao.go.jp/shougai/suishin/pdf/sabekai/leaflet-p.pdf

Qualifications and Curriculum Authority(2008) National curriculum assessments English, mathematics and science Test administrators' guide 2008 KEY STAGE 3.

Qualifications and Curriculum Authority(2008) Modifies test administrators' guide - Tests for pupils with hearing impairment and pupils who use sign language 2008 KEY STAGE 2.

Qualifications and Curriculum Authority(2008) Modifies test administrators' guide - Tests for pupils with hearing impairment and pupils who use sign language 2008 KEY STAGE .

Qualifications and Curriculum Authority(2008) Modifies test administrators' guide - Modified large print and Braille tests for pupils with visual impairment 2008 KEY STAGE 3.

Qualifications and Curriculum Authority(2008) National curriculum assessments English, mathematics and science Test administrators' guide 2008 KEY STAGE 2.

Qualifications and Curriculum Authority(2009) Non-statutory tests Test administration guide. http://dera.ioe.ac.uk/9099/1/2009_KS3_Test_administration_guide.pdf（2017年3月6日確認）

Winebrenner, S. (1996) Teaching kids with learning difficulties in the regular classroom. Minneapolis, MN: Free spirit publishing.

第5章

CAST (2008) Universal design for learning guidelines version 1.0. Wakefield, MA: Author.

National Reading Panel (2000) Teaching children to read: An evidenced assessment of the scientific research literature on reading and its implications for reading instruction. Washington, DC: U.S. Government Printing Office.

玉木宗久・海津亜希子・佐藤克敏・小林倫代（2007）通常の学級におけるインストラクショナルアダプテーションの実施可能性－小学校学級担任の見解－. LD研究, 16（1）, 62-72.

玉木宗久・涌井恵・海津亜希子・伊藤由美（2010）学級サポートプランⅡ（あ・つ・みプラン）. 平成20-21年度国立特別支援教育総合研究所重点推進研究成果報告書『小・中学校等における発達障害のある子どもへの教科教育等の支援に関する研究』. http://www.nise.go.jp/cms/resources/content/403/c-83.pdf（2017年3月2日確認）

上野一彦・山崎晃資・柘植雅義・市川宏伸・服部美佳子・海津亜希子・小貫悟・岸本友宏・安斎佳子・田中容子・月森久江（2002）LD&AD/HD. 安田生命社会事業団.

第6章

Alper, S., Ryndak, D.L., & Schloss, C.N. (2001) Alternate assessment of students with disabili.ties in inclusive settings. Boston, Massachusetts: Allyn and Bacon.

Bos, C. & Vaughn, S. (2006) Strategies for teaching students with learning and behavior prob.lems (6th ed.). Boston, MA: Allyn and Bacon.

海津亜希子（2006）米国での LD判定に見られる大きな変化－ RTIモデルへの期待と課題－. LD研究, 14, 348-357.

上野一彦・花隈暁編（2006）軽度発達障害の教育.. LD・ ADHD・高機能 PDD等への特別支援.. 日本文化科学社.

U.S. Department of Education, National Center for Education Statistics. (2016) Digest of Education Statistics, 2015 (NCES 2016-014), Chapter 2. https://nces.ed.gov/programs/digest/d15/ch_2.asp（2017年3月2日確認）

第7章

「個別の指導計画」を生かした実践

この章では……

実際に「個別の指導計画」を生かした実践について紹介します。

小学校の事例は、「通級による指導を担当する先生と通常の学級の先生との連携」を大切にした実践報告です。

通級と通常の学級（在籍級）との連携をいかにとるかは、しばしば課題に挙がるところです。多くの時間を在籍級である通常の学級で過ごす子どもが、通常の学級での指導のみではなかなか克服しがたい課題を有している場合があります。そこで、通級にてその子どものニーズに合った指導・支援方法を受けることで、知識や技能等を培い、それが通常の学級で生かせることで、子どもにとって安心して学べる環境が整います。

そのためにも、通級と在籍級との間で、「子どもの特性をおさえた上で、どのように目標を定め、目標を達成するための指導・支援を行っていくか」、つまり「共通の大きなゴールを設定しつつ、それぞれの場で、どのような意図で、どのような指導・支援を行っていくか」について、互いに理解し合うことが重要になってきます。このことが子どもを取り巻く様々な指導の場において、指導に一貫性をもたせることにもつながります。こうした大切な観点を持ちながら、個別の指導計画を通して、無理なく通級と在籍級との連携を実現化している具体的な実践は非常に参考になります。

2つ目は、中学校における個別の指導計画の活用の実践報告です。ここでは、まず、発達障害等教育的ニーズのある子どもへの支援、個別の指導計画に基づいた個への支援の前段階として、生徒全体への効果的指導・支援のあり方の検討がなされています。その際に、先生方が自分の授業スタイルを把握し、改善が必要なところを意識することで、効果的な指導がなされていきました。

あわせて、お互いを高め合う新たな授業研究会のアプローチについても提案されています。そうした全体への支援を行っていく中で、改めて個への支援の重要性が明確化され、自然に個別の指導計画の意義が先生方の中で沸き立ち、作成・実践へとつながっていく様子がみえてきます。

3つ目は、高等学校における実践です。高校においては、特別支援教育のための体制整備が徐々に進められてきていますが、平成30年度から、いよいよ通級による指導が開始されます。これにより、個々の教育的ニーズの把握、指導・支援の提供が一層求められてくるといえます。その際、高校における特別支援教育の有り様は、決して一つではなく、柔軟に、多様に考えていくことが重要と考えます。

今回は、文部科学省のモデル事業を受け、一足先に通級による指導を実施している学校の報告を紹介します。これまで特別支援教育、まして個別の指導計画について殆ど語られることのなかった学校文化の中で、どのように先生方の協力を得ながら作成・実施に結びつけていったか、高校における特別支援教育においてはもちろんのこと、既に特別支援教育に取り組んで久しい小・中学校等においても大いに参考になると思います。

小学校 実践例 通級指導教室と在籍学級（通常の学級）との連携を重視した個別の指導計画

通級指導教室と在籍学級（通常の学級）との連携の重要性

通級指導教室では、対象児童が抱える在籍学級での学習や生活における困難さを改善し、本来有する力を発揮できるよう指導・支援することで、在籍学級において充実した生活が送れるようになるために必要な指導・支援をしています。

そのため、指導対象本人の困難さを把握、指導者間で共通理解し、在籍学級（通常の学級）と通級指導教室（特別支援教室）※ で一貫した指導を行えることが重要です。仮に、在籍学級と通級指導教室が連携をせず、独自の指導を行い、それぞれの場面で異なる指導をしていれば、結局は、対象児童が混乱するなど、必要な力の積み重ねがなかなか図れないことにもなってしまいます。両者で定期的に情報共有を図り、実態の認識の共有化を図ることが重要であり、その上で連携し、互いが指導に当たることが求められています。

そこで、在籍学級と通級指導教室とが児童の実態を共有化し、指導に一貫性を持たせるための連携型の個別指導計画の活用が有効です。在籍学級担任と通級指導教室の教員がそれぞれの立場から、実態を捉え、それを共有し合い、次にそれに基づいて具体的な目標を立てることで、指導に一貫性ができ、指導者も対象児童も無理なく指導したり、学習したりできます。お互いの指導内容を般化し合うこともできます。このように、様々な角度からよく観察し、互いの場で重要と思われる指導目標と目標を達成するための手立てを検討しながら、協働で作成していきます。

それでは、具体的に、在籍学級と通級指導教室とともに作成した、「連携型個別の指導計画」（表7-1）について紹介していきます。

※東京都では、従来の情緒障害等通級指導学級が「特別支援教室」として平成28年度より導入が進められている。教員が巡回して発達障害教育を実施する特別支援教室を全公立小学校へ導入することをめざしている。

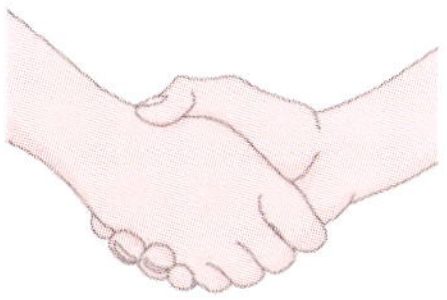

表7-1　連携型個別の指導計画

連携型個別の指導計画

○○○○年　○月作成

○○立○○小学校　2年　　氏名　すまいる	
在籍学級担任氏名　A	通級指導教室（特別支援教室）担当氏名　B

指導目標（長期目標）

在籍学級での目標
(1) 友達と円滑にコミュニケーションがとれるようにする。 (2) 自分の考えを文章で表現できるようにする。
通級指導教室（特別支援教室）での目標
(1) 小集団の中で、指示を正しく聞き取り、相手や状況に応じた言動ができるようにする。 (2) 当該学年の文章の読み取りができるようにする。

短期目標及び手立てと評価

在籍学級（期間　1月～3月）	評価（子どもの達成度及び手立ての有効性）
短期目標 (1) 考えを言葉で伝えられるようにする。 (2) 作文メモ作りができるようにする。 手立て (1) グループでの活動中、本児の近くに行き、どのように伝え合えばよいか言葉をかける。 (2) 場面の様子を視覚的に捉えられるように画像で示したり、全体でどんなことがあったか意見を出し合ったりして、本人が書くための材料を見つけやすくする。	(1) 話し合い活動で指導者が傍について声をかけると自分の気持ちを言葉で伝えられた。まだ、困った表情だけで相手に伝えようとしてしまうことがあったため、適切な言葉での表現で伝えられるよう引き続きの指導が必要である。 (2) 視覚的に分かるよう文や絵、写真を見せると、スムーズにメモ作りに取り組む様子があった。具体的な指示がなくても取り組めるよう、手立てを考えていく。

通級指導教室（期間　1月～3月）	評価（子どもの達成度及び手立ての有効性）
短期目標 (1) －1 短い指示であれば、正しく行動できるようにする。 (1) －2 小集団学習におけるルールを守る。 (1) －3 活動の最後に自己評価できるようにする。 (2) 5～6文の読み取りができるようにする。 手立て (1) －1 指示を短くする。指示通り行動できたことを具体的に伝え、認める。 (1) －2･3 小集団でコミュニケーション活動を取り入れる。 (2) 問題を繰り返し学習し、だれ・どこ・何をしたなど注目するポイントを伝える。	(1) －1 事前に大まかな活動内容を伝えることで、小集団活動でも、指示を正しく聞き、行動できる場面が多かった。 (1) －2 事前に話を聞く姿勢の約束を確認することで守ろうという態度が表れ、活動にも意欲的に参加していた。 (1) －3 活動の最後に自分の気持ちを話せたが、少しの失敗で自己評価が下がってしまうことがあった。自己肯定感を高められるようにしていく。 (2) ニュース記事等の読み取り学習をした。問いの意図が捉えられていないことがあったため、引き続きの指導が必要。

来年度への引き継ぎ

在籍学級より	通級指導教室より
●進級し、クラス替えがあると、環境の変化があるため、不安定になることが予想される。今年度行ってきた「言葉で伝えるための手立て」や「視覚的な支援等も併用しながら自分のことを表現できる手立て」を活用し、安心して学校生活が送れるように配慮していくことが必要。そのためにも、通級指導教室と連携し、一貫した支援が行えるようにする。	●活動の前に大まかな内容を伝えておくことで安心して活動に臨めた。 ●短い文章の読み取りを繰り返し学習することで、読解力がついてきた。在籍学級で学習している単元についても先行学習を取り入れることで、自信をもって学習に参加できるようにすることが望ましい。

どのようにして「連携型個別の指導計画」を立てていくか

(1) 実態把握

まず、個別の指導計画を立てるにあたり、重要なことは、正確に実態をとらえることです。そのためにも、よく観察することが大切です。行動観察シート（表7-2）を活用すると、在籍学級の担任と通級指導教室の教員との間で共通認識が図れます。このように、一定の基準で行動の実態を把握できることで、対象児童への指導が実態に即した有効な指導になると考えます。学習面では、各学年の指導項目が達成できているかを詳細に確認することや、MIM-PM※ などのアセスメント教材を活用し、数値化された結果をもとに、学習課題を検討することも必要です。

実態把握においては、通級指導教室の教員が行動観察した結果と、日頃の在籍学級担任の見取りをすり合わせていきます。情報の共有は、改めて設定して行うよりも、どの時間、どんな場所で行うかについて、臨機応変に対応することが有効です。特に、通級指導教室の教員が、積極的に、フットワーク軽く行動し、放課後や互いの空き時間を見つけながらこまめな情報交換を行うようにしています。その際、できるだけ職員室内の共有スペースや、在籍学級担任の座席近くで行うことが大切です。こうすることで、他の教員に情報のやりとりの様子を見せることができ、学校全体で連携して支援をする雰囲気を作り出すことにもつながります。

表7-1の「連携型個別の指導計画」の対象児童（すまいるさん）についての具体的な実態把握結果では、「初めてのことや、見通しのもてないことに不安になりやすい」「困っている状況を具体的に言葉で伝えることができず、表情等でアピールする」「学習面での全体的な遅れはないが、自分の考えや気持ちを文章で書き表したり、文章を読んで、事実や登場人物の気持ちを読み取ったりすることに時間がかかる」といったことがわかりました。

▲すまいるさんの学習の様子

※MIM-PM（Multilayer Instruction Model-Progress Monitoring）は、学習が進んでいくにつれ、つまずきが顕在化する子どもを、つまずく前の段階で把握し、指導につなげていくためのアセスメント。すべての学習領域に影響し得る早期の読み能力、特に特殊音節を含む語の正確で素早い読みに焦点を当て、計2分で実施。一度でなく、継続的に実施することで、子どもが真の能力を発揮する機会が多く得られるとともに、子どもの伸びについても把握できる。ちなみに、MIM（Multilayer Instruction Model）は多層指導モデルという意味。通常の学級において、異なる学力層の子どものニーズに対応した指導・支援を提供し、子どもが学習につまずく前に、また、つまずきが重篤化する前に指導・支援を行うことをめざしている。

海津亜希子（2010）多層指導モデルMIM 読みのアセスメント・指導パッケージーつまずきのある読みを流暢な読みへー．学研教育みらい．

表7-2　行動観察シート

小学校実践例

表２　行動観察シート

行動観察シート

２年　星組　名前（　すまいる　）
◇月　◇日　３校時　教科（　国語　）
活動場所（　２年　Ａ組　）
記入者（　Ｂ　）

			観察項目	観察内容・場面の例	チェック	特記事項（場面，どの程度，気付いたこと）
授業観察	学習態勢・認知処理等	学習態勢	見通し　忘れ物	学習用具の準備ができない	✔	中休みの後，すぐに着席していない。道具箱が整頓されておらず，学習用具がすぐに準備できない。
			空間認知	机が指定位置にない		
			空間認知	机の中の整理整頓ができない	✔	
			空間認知	机の周りにごみが落ちている		
			指示理解　不注意	机のフックに適切なものがかかっていない		
			切り替え　見通し	使ったものをすぐに片付けない	✔	
			規律　見通し	チャイム着席ができない	✔	
			集中	いたずら書きをする		
		運動・過敏さ	運動	姿勢の保持ができない	✔	授業後半は､机に伏したり､手を足の下に入れて体を揺らしたりしている。
			運動	鉛筆を正しく持てない		
			運動	消しゴムを適切に使えない		
			過敏さ	上履きを履いていない		
		認知の特性（多動・不注意・衝動）	不注意	指定のページを開いていない	✔	指定されたページをすぐには開かず，周りを見てから取り掛かったり，一つの作業にこだわったりと，行動が少しずつ遅れる。 他児や担任の言動に反応しやすい。
			不注意　見る	注視できない		
			不注意　意欲	取り組み始めるのが遅い	✔	
			不注意　こだわり	行動の切り替えがすぐできない	✔	
			見る	板書を写すのが難しい		
			不注意　聞く	全体への指示に反応しない		
			不注意	気が散りやすい	✔	
			多動　規律	離席する		
			多動	イスに正しく座れない		
			衝動性	勝手に発言する	✔	
			衝動性	先走って行動する		
	掲示物・ノート	書く・見る	絵を描く	絵が学年不相応（人物画・観察画・空想画）		本児が書いた学期の目標より→「算すうがんばる。（生活目標の部分に学習の目標が書いてある）」 登場人物の気持ちを考えるワークシートが白紙→できないことを自分から伝えられない。
			字を書く　見る	字の形が取れていない		
			字を書く	マスを意識して書けない		
			字を書く	字の大きさが一定でない		
			字を書く	筆圧が一定でない		
			文を書く	「てにをは」がうまく使えない	✔	
			文を書く　見る	学年相応の漢字を使っていない		
			文を書く	「，」「。」がない		
			文を書く	字の抜けがある		
			文を書く	内容に関係のないことを書いている	✔	

(2) 指導目標（長期計画）

年間の指導目標です。長期の指導目標になり、1年間でどんな児童の成長をねらうか検討して立てます。在籍学級、通級指導教室それぞれで設定しますが、在籍学級の項目と通級指導教室の項目は、可能な限り関連するようにします。

例えば、表7-1の連携型個別の指導計画における通級指導教室の目標「(1) 小集団の中で、指示を正しく聞き取り、相手や状況に応じた言動ができるようにする」の中で「相手に応じた行動ができるようにする」は、在籍学級の目標「(1) 友達と円滑にコミュニケーションがとれるようにする」に関連して立てたものです。

「在籍学級で実現させたい姿」を、在籍学級の担任と通級指導教室の教員が具体的な言葉で伝え合い、イメージを共有することで、指導の目標を明確にしていきます。例えば、(最終的に) 在籍学級で実現させたい姿（＝長期目標）を意識しながら、まずは通級指導教室での小集団活動の中で、相手に応じた行動ができる経験を積み上げ、最終的に在籍学級という大集団での円滑なコミュニケーションにつなげていきます。このように、連携型個別の指導計画においては、最終的には「在籍学級で実現させたい姿」を両者で共通認識しておくことが重要です。

(3) 短期目標及び手立て

数か月、または学期ごとに、指導目標とそれを達成するための手だてを設定します。その際、長期目標に対応した短期目標を、具体的に立てることが重要です。短期目標も手立ても具体的に設定することで、どの教員が見ても、指導に当たりやすくなります。

例えば、表7-1の連携型個別の指導計画の長期目標「当該学年の文章の読み取りができるようにする」に対応して、短期目標は、「5〜6文の読み取りができるようにする」等が考えられます。さらに、このような短期目標を達成するための手立てとしては、「なに・どこ・だれなど注目するポイントを伝える」ということが考えられます。その他にも、対象児童（すまいるさん）の実態把握結果から、「問題を繰り返し学習」し、正答数を増やすことで、苦手意識の解消を図ることも考えられます。

在籍学級との連携においては、通級指導教室での指導を報告する際、同時に、在籍学級での学習の進捗状況を聞き取ります。在籍学級での学習の進捗状況を把握することで、先行学習や補充的な学習を意識した自立活動を組むことができ、本人の苦手意識の解消も図っていくことができます。また、通級指導教室で実際に行い、効果がみられた有効な手立てを伝えることで、在籍学級でも一環した指導・支援を行うことができ、本人の理解力をさらに伸ばすことにもつながっていきます。在籍学級の担任が対象児童に対する指導に悩んでいる場合も多くみられます。通級による指導で有効だった手立てを伝えることで、担任への支援にもなり、結果的に、児童の学習環境を整えることになります。

(4) 評価

月末または学期末に、指導目標に対する評価を記入します。評価は、児童が「できた／できない」といった「児童の達成度」だけでなく、指導による児童の変容から、教員が講じた「手立ての有効性」、今後の指導課題が明確になるように記入していきます。

評価の際には、連絡帳の活用も有効です。表7-3は、通級指導教室、在籍学級、家庭、そして本人で情報を共有し、指導効果を共通認識するために使用しています。対象児童が記入する部分もあり、本人が目標の達成感を感じ、自己肯定感を高めるためにも有効です。

表7-3　連絡帳

小学校実践例

表３　本人，保護者，通常の学級担任，通級指導教室担当とをつなぐ連絡帳

２年　星組　　すまいる　さん

通級指導教室の様子　△月　◇日（　○　）

今日の小集団活動では，インタビューゲームをしました。すまいるさんは，友達からの質問に笑顔で答えていました。質問者側に変わった際，担当に困った表情を見せていましたが，相手の答えを受けて質問を考えることができました。説明中は姿勢よく座って話を聞くことができ，途中で，質問したい気持ちを抑えられなくなった時も，めあてを思い出せるような働きかけを受けて，すぐに静かにできました。振り返りは自信をもって発表していました。

学習のふりかえり（できたこと・わかったこと）

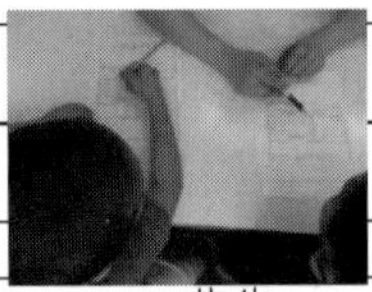

大きな声でふりかえりが言えてよかったです。

よくできた◎　できた○　少しできた△

ふりかえりのポイント	すまいる　さん	先生
①さいごまで話を聞く	○	○
②大きな声ではっぴょうする	◎	◎
③よく聞いて考える（しつもん）	◎	
④「だれ」「どこ」に気を付ける	△	
⑤		

在籍学級の担任より　　△月　○日（　◇　）

がんばっていること	伝えておきたいこと
・漢字の練習を頑張っています。マスからはみ出さないように気を付けて書いています。 ・友達と外遊びを楽しんでいます。自分から友達を誘って外に出る様子が見られました。	・気になることがあると，すぐに声に出してしまうこと。

家庭より　　△月　　◇日（　○　）

学校で友達と遊んだ話を家でもしています。友達を誘って遊びに出かけられていることは，よかったなと思います。「聞く」ことは，まだまだ弱いと感じる部分がありますので，家庭でもよく聞くように本人に伝えています。友達となかよくしながら，たくさん勉強して，学校に楽しくいってほしいなと思います。

通級指導教室での学習の様子を担当教員が記入

・個別の指導計画に基づく「ふりかえりのポイント」に対して，本人と通級指導教室担当者が評価

・通級指導教室での学習に対して，児童が振り返りを記入

在籍学級での様子を担任が記入

(5) 来年度への引き継ぎ

次年度に向けての配慮事項等を記入します。行動の特性に対する有効な手立てや継続して必要な支援方法などを記し、次年度以降の個別の指導計画へとつなげていきます。

さいごに（こうした取組を行ってみて感じたこと、伝えたいメッセージ）

個別の指導計画を作成するに当たっては、単に書類作成が目的とならないようにすることが重要です。対象児童をしっかりと観察し、実態を把握していくことで、必要な支援を考えていくことこそが個別の指導計画を作成する意義です。連携型個別の指導計画の作成に当たり、まずは、在籍学級と通級指導教室が児童に対しての共通認識をもつ必要があります。そして、行動観察の結果を話し合い、イメージを共有しながら、最終的な目標と、それぞれの場で必要な目標を一緒に検討し合うことも大切だと思います。対象児童の特性を踏まえながら、どの指導者が担当しても一貫した指導ができるように、目標や手立ては明確に、なぜそのような目標や手立てになったのかについても伝わるように考え、記していきます。

評価の時期にかかわらず、児童の様子を情報共有し、目標が適切であるか、目標を達成するための手立てが適切であるかをその都度検討することもあります。日常的に児童の学習課題や変容について相互に意見を交換し合いながら、在籍学級と通級指導教室とが連携し、児童の実態に即した指導にあたっていくことが不可欠でしょう。

（島田 有里）

▲通級による指導の様子

中学校実践例 中学校での授業改善の先に行き着いた個別の指導計画

まずは授業改善の視点をもって

中学校では、小学校とは違い教科担任制で教科指導が進んでいきます。生徒の中学校生活をより充実させるためには、学校生活の大半の時間を占める授業での充実がポイントとなります。つまり、授業で生徒一人ひとりが充実感を味わえることが大切になります。

また、こうした授業の充実は、問題行動といわれるものの未然防止とも関係が深いのではないでしょうか。生徒が主役になれる授業、生徒一人ひとりが「わかった！」と感じることができるよう、教師が誠実に向き合いっていくことは、生徒の学びを保障していくことにつながります。

そこで私の勤務する中学校では、「生徒の学びの保障」「生徒一人ひとりが主役になれる授業」「学力向上」を目標として掲げ、教科の枠を超えて全教員が授業改善に挑みました。当初は、各教科という専門分野を超えた議論に躊躇する言動もみられました。その壁を越えさせてくれたのが「特別支援教育」という視点です。各教科が特別支援教育という共通の視点を切り口として授業改善を進めていくことで、互いの授業に対する議論ができるようになりました。そこで、どのように学校全体で、特別支援教育の視点を切り口にした授業改善を行ってきたかについて紹介します。

(1)自分の授業スタイルに気づく

はじめに、特別支援教育の視点から現在の自分自身の授業スタイルを全教員が客観的に分析してみることにしました。国立特別支援教育総合研究所が開発した「あ・つ・み」という授業づくりの3つの観点、すなわち「あわせる」「つたえる」「みとめる」を現在の授業の中でどのくらい実践しているかについて把握できるチェックリストに答えていきました（コラム9参照）。私の結果は、「つたえる」に比べ、「あわせる」「みとめる」が低い傾向があることがわかったのです（図7-1）。

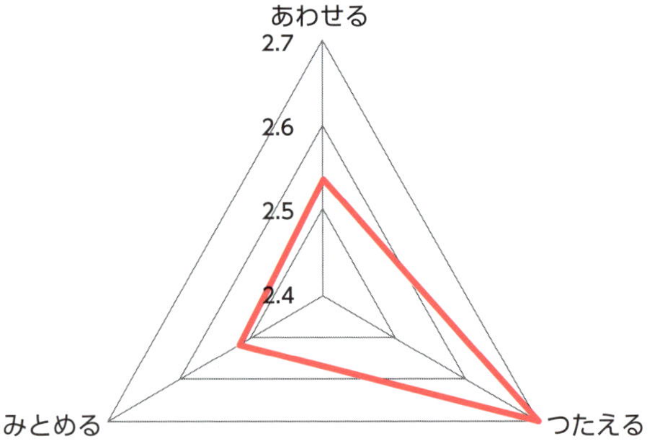

図7-1　教師の授業スタイルを把握する「あ・つ・み」チェックリストの結果

このような結果から、日頃、生徒に伝えること、つまり教師のもつ知識をどう伝えるか、教師から、ともすると一方的に働きかけることに力を注いでしまう傾向があるのではないかと考えました。教師の働きかけのみで授業が終わってしまうのではなく、教師の働きかけを「生徒がどのように受け止めたか」「生徒がどのように習得していくか」が重要であることに気づきました。また、これまでも培ってきた「生徒を集団として見る視点」に加え、学級を構成している「様々な個人のニーズ」をより意識し、そのような多様なニーズに対応していくことの大切さに改めて気づきました。

(2)授業スタイルに関するアセスメント結果を授業改善に生かす
−特別支援教育の視点をもとにした授業の具体的工夫−

視覚的な手がかりや具体物を使って教える

地球と太陽の大きさをただ単に数値によって教えるのではなく、より比較が明確になるよう実際の縮尺で視覚的に示してみました。写真は、黒板を宇宙に見たて、地球と太陽の大きさを同じ縮尺で再現したものです（理科）。

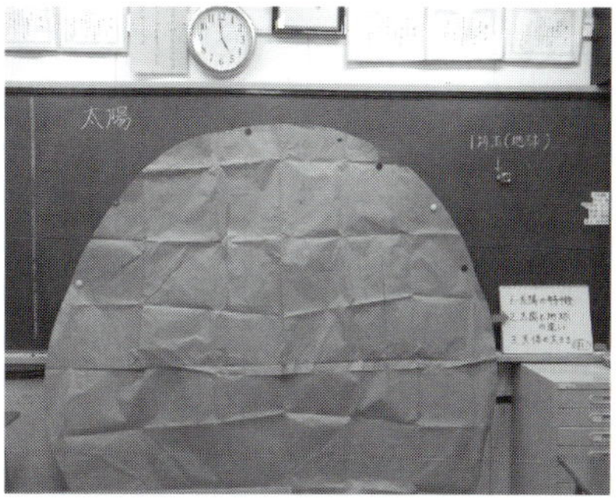

▲理科の授業での具体物の活用

授業の見通しをもたせ、目標を意識化させる

授業の開始時に補助黒板に今日の授業の流れを提示しました。また、授業での目標も呈示することで、何を授業で学ぶかについて生徒が意識できるようにしました。

学校全体を通じた授業改善を行う中で、全ての教師の授業について、わかりやすさの観点をいくつか示し、生徒を対象としたアンケートも行いました。こうした授業の見通しや目標の呈示については、「とてもわかりやすい」「わかりやすい」と回答した生徒が96％にのぼり、生徒にとっても評価が高いことがわかりました。具体的には、「教室で授業をする際に、やることをホワイトボードに書いて流れを確認する作業がありますが、あれはとても便利だなと思った。今日やることや、目標を確かめることでやる気が上がるから」「次に何を出したらいいのかとか、何を見ておけばいいのかとか、考えやすかった」等の意見が聞かれました。

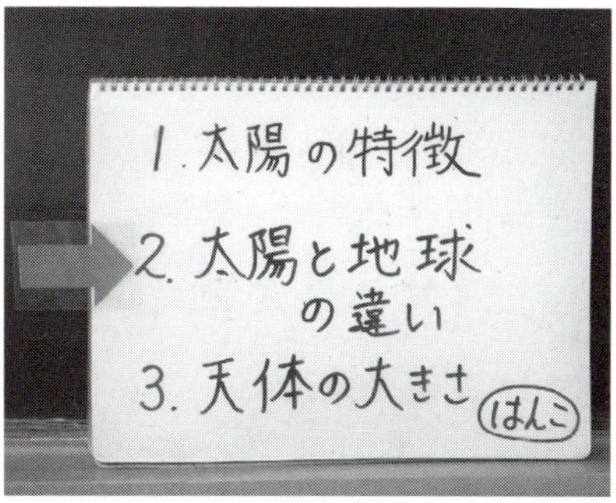

▲授業の見通しがもてる補助黒板

生徒の良いところや進歩を認め、積極的にほめる

授業内では、すべての生徒が達成可能な課題を意図的に作っています。例えば、板書を写すことができたか、ワークシートの丸つけができているかなど、ちょっとがんばればできそうなものです。その課題ができていれば、授業の最後に、生徒一人ひとりに押印をします。押印をしながら、生徒の努力をその場で認め、ほめました。授業の終わり５分程度を使い、一人ひとりに声掛けをしていきます。このような取組については、生徒アンケートの結果、肯定的意見がおよそ8割を占めました。

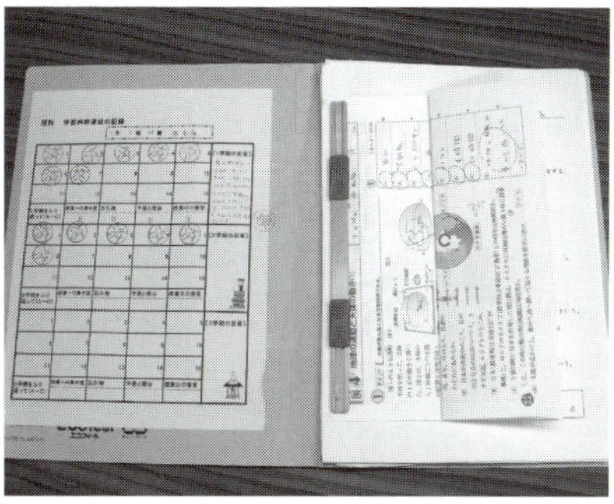
▲ちょっとがんばれができる課題に対する押印表

グループ活動（4人構成）やペア活動を授業にとり入れる

グループ活動を授業にとり入れることには、当初、心配でした。なぜなら「グループの配置に机を動かすことに時間がかかってしまい、活動に時間が充分とれないのではないか」「グループになると、話し合いが横道に逸れたりして、ねらい通りに進まないかもしれない」等、様々なマイナス要素を思い浮かべました。しかし実際に行ってみると、想像とは全く異なりました。

教師が事前に「話し合うに値する発問を準備」し、「話し合うポイントを明確」にし、「話し合いの時間を明示」することで、グループ活動は授業内の生徒の楽しみとなる可能性が大きいことを実感しました。時には、教師が話し合いの役割分担（司会・記録）を決めていくことも必要です。

実際には、グループとペアの2つの形態を継続的に行いました。授業のねらい、生徒の実態にそって、それぞれ使い分けました。このような時間は、教育的ニーズのある生徒への個別的な支援時間として有効活用もでき、大きな意味をもちました。

これらの取組についても生徒にアンケートを行いました。「班ごとで、ホワイトボードに議論した意見結果を書き込み、黒板に提示する授業（グループ活動）」と「今日の授業で学習したことを隣のクラスメートに説明してみる授業（ペア学習）」についてです。生徒アンケートの結果は、グループ学習への肯定的意見が96％、ペア学習への肯定的意見も96％と同様の高評価でした。

一方で、グループ学習、ペア学習ともに否定的意見が4％とほぼ同数あったことが気になりました。「この4％の生徒にどのようなアプローチをしていくか」が今後の課題として残りました。そこで、この4％の生徒へのアプローチの方法を考えることが必要と思いました。否定的意見を表した生徒を意識した授業内の配慮や個別の指導計画の作成に取り組むことにしたのです。

気になる生徒（教育的ニーズのある生徒）への支援

すべての生徒を対象とした「生徒一人一人が主役になれる授業」への取組に加え、授業に関するアンケートで否定的意見を述べた生徒（気になる生徒）へ焦点を当てた「個への支援」を考え始めました。

「個への支援」をテーマにしましたが、その第一の視点は「集団への支援・配慮」がやはり重要と考えました。特別支援教育を意識した学級全体への支援は、学級全体の生徒はもとより、気になる生徒への支援につながるはずです。実際「あ・つ・み」の考えにそった支援は、大多数の生徒の肯定的意見につながっていました。

そして第2の視点として、「個への支援・配慮」を重視しました。気になる生徒は何に興味・関心が高いのか、どのようなことに課題があるのか、このような実態を把握することがスタートです（表7-4）。これは、気になる生徒の気持ちや行動を意識した視点です。実態を把握した後は、気になる生徒への支援・配慮を授業内で具体的に考えます。結果的に、気になる生徒に向けた支援・配慮は、学級全体の生徒への支援につながることもあります。

そこで、2つの視点である「集団への支援・配慮」と「個への支援・配慮」を意識して授業を進めました。しかしそれだけでは気になる生徒へ十分な支援が届いているとは言い切れませんでした。そこで、個別の指導計画を作成し、気になる生徒への支援の充実を図ることにしました。

表7-4　気になる生徒が書いた「もっと勉強しようという気持ちになるときはどのような時ですか」についての回答

- 先生にほめられたとき
- 先生がヒントをくれたときや説明などがわかりやすいとき
- 映像とか写真を出され(見せられ)るとき
- 個人的に教えてくれたとき
- 先生が前回の復習を一緒にしてくれるとき
- 先生に少し難易度の高い問題を出されたとき
- 先生が勉強の大切さを話してくれたとき
- 宿題があるとき
- 周りの人が頑張っているとき

「集団への支援・配慮」「個への支援・配慮」を意識した授業案づくり

表7-5は、「地球と宇宙　太陽」という単元の学習指導案の略案です。作成においては、学習内容に対して、「あ・つ・みの観点」を入れた「集団への支援・配慮」とともに、理解がゆっくりな生徒たちに対する「個への支援・配慮」についても明記しました。

表7-5 「集団への支援・配慮」「個への支援・配慮」を含んだ学習指導案

単元名	地球と宇宙　太陽

時間	学習内容	集団への支援・配慮 （あ・つ・みの観点より）	個への支援・配慮 （理解がゆっくりな生徒に対して）
導入 10分	これまでの太陽の学習内容を復習する。 (1) 地球から見た動き方 (2) 季節の変化との関係 本時の学習内容と目標を知る。	●すでに学習した内容の図を提示することやノートを見ることでふりかえる機会を作る。 ●短くわかりやすい表現で伝える。 ●補助黒板を見ることにより視覚的に学習内容を確認する。	●学習道具が準備できているか確認し、授業環境を整える。 ●補助黒板に注目できていない場合は、個別に声かけをする。
展開 30分	ワークシートの課題に取り組む。 太陽と地球の違いをグループで話し合い、ホワイトボードに記入する。 黒板に全グループのホワイトボードをはり、学級で共有する。 地球と太陽の大きさの違いに着目し、太陽の大きさを実感する。 課題が終わった生徒は太陽以外の天体の大きさについて調べる。	●ワークシートを拡大したものを黒板に提示し、説明箇所をわかりやすく指し示す。 ●「〜分まで」と話し合いの時間を黒板に明示し、素早く話し合いの姿勢が作れるよう促す。活動中に各グループの意見の良い所をほめる。 ●話し合いの進み具合を確認し、進みが充分でない場合は、時間を少し延長する。 ●1円玉を地球とした時の太陽の大きさを各自が予想した後、実際の太陽の大きさを模造紙で知り、視覚的に理解できるようにする。 ●発展的な内容を加えることで、理解が進んでいる生徒の意欲や関心を高める。	●机間指導の際に、ヒントとなる場所を個別に差し示す。 ●ワークシートが記入できているか近くに行って確認し、できていない場合は何を書くかを具体的に伝える。 ●話合いに参加できていない場合は励ます。 ●他の人の意見を聞くように促す。 ●良い発言を聞き出し、認め、グループ内で発表するよう促す。 ●黒板に注意を向けているか確認する。
まとめ 10分	本時の学習内容を隣の席の生徒に説明する。 (1) 太陽の特徴 (2) 太陽と地球の大きさの違い ワークシートを先生に見せ、ファイルに押印をもらう。	●説明する側、聞く側を具体的にはっきりと指示する。 ●短時間で押印できるよう、机の上でのファイルの置き方を正確に伝える。 ●一人ひとりに短い言葉で認める声掛けを行う。	●比較的易しい説明にあたるよう配慮する。 ●ワークシートを見ながら説明して良いことを伝え、説明ができているかを机間指導で確認する。 ●できている所に注目してほめる。

個別の指導計画の作成

クラス全体の授業に関する学習指導案にも「個への支援・配慮」として盛り込みましたが、特定の授業だけでなく、学校生活全体を通じて継続的、一貫した支援・配慮ができるよう、気になる生徒に対する個別の指導計画を作成しました（表7-6）。作成に際しては、特別支援教育コーディネーターが、対象となる教科の教師を調整し、校内委員会等も活用しながら行いました。

表7-6　中学校における個別の指導計画

中学校実践例

2016(平成28)年度

個別の指導計画

対象生徒	△年 △組	記載日 2016年 5月 9日 ～ 2017 年 3月 17日	責任者 ○○○○
長期目標	設定日 2016年 5月9日	(1)自分の考えや思いを学習した知識と合わせて活用する。 (2)他の生徒とのコミュニケーションが円滑にとれるようになる。	評価 評価日 2017年 3月10日

教科	記入日	記載者	本生徒の目標	目標設定の理由(本生徒の実態)	目標についての評価
国語	16. 5. 2	□□	①文章を書く際、小5程度の漢字や 語句を使う。 (1) ②文章の中で、感じていることを言葉にすることができる。(1) ③漢字テストで5割以上正解する。(1)	・指示を聞き取り、課題を達成しようと努力するが、早く終わらせることが目的となり、じっくり考えることが苦手である。 ・自分の考えや思いを表現するのが苦手。 ・作文を書こうとする意欲はあるが、事実を羅列した平仮名の多い作文になってしまう。	①は○ ②は○ ③は、読みに関しては○だが、書きは×
数学	16. 5. 2	△△	①掛け算・割り算・小数・分数などの基本計算で7割以上正解する。(1) ②問題を自作し、仲間と解き合うことができる。(2)	・問題を作成することが得意である。 ・計算には集中して取り組むが、計算方法をパターンで覚えているため、時間が経過すると計算方法を忘れてしまう。	①は×(正解5割) ②は○
社会	16. 5. 6	☆☆	社会で学習した内容を、小5程度の漢字を交えて正確に書く。(1)	社会には関心も高く、授業中に発言も多いが、漢字が書けないことで社会の点数が伸びない。	○
理科	16. 5. 6	◇◇	視覚的に示された指示内容を見ながら、実験を最後までやり遂げることができる。(1)	作業内容がイメージできれば、指示通りに動こうと行動できるが、複雑な指示の理解になると難しいことがある。	○
英語	16. 5. 2	●●	①新出単語のテストで、5割以上を正解する。(1) ②ペア学習で、英文を読み合うことができる。(1)(2)	・耳から単語の読みを覚えていくのは得意。 ・英語の歌は好きで、意欲も高い。 ・単語を書くことに苦手意識がある。 ・長い英文を読むことにつまずきがある。	①は×(正解3割) ②は△(複雑な長文になると読みにつまずく)
音楽					
美術					
保健体育	16. 5. 2	▲▲	苦手な種目でも、仲間の意見を取り入れながら、上達に向かって取り組むことができる。(1)(2)	得意種目に対しては積極性がみられるが、苦手意識のある運動を避けようとする傾向がある。	水泳は○ バスケットは△ (本人には受け入れる姿勢がみられたが、仲間のアドバイス自体が取り入れにくいものであった)
技術家庭					
生活面					

教科	具体的な手だて(合理的配慮)	手だてへの評価
国語	・クイズが得意なので部首クイズを活用して漢字学習を進める。 ・漢字が正しく使えていた場合は個別にほめる。 ・作文を書く際は、書く内容についてのメモを作成しながら、書く内容を明確にする。 ・書きたい漢字を辞書で調べさせる。	目標①②に対する手立ては○。目標③の漢字の「書き」については、部首クイズのみでは×。手立てについて再検討。
数学	・ドリルを小さなまとまりごとに宿題として出し、繰り返すことにより計算方法を習得する。 ・自作の問題を仲間と解き合うことで楽しみながら、問題の意図を説明したり、仲間から聞いたりする。	目標①に対する手だては△。ドリルの活用だけでは、やはりパターン的になってしまう。身近なことを例に取りながら、計算の意味を伝える必要あり。 目標②は○。
社会	・ノートに正しい漢字で語句が書けているかを机間支援で点検する。 ・小学校で用いる漢字一覧表をクリアファイルに入れ、いつでも見られるようにしておく。 ・社会の知識を口頭で答える場面を多く設定し、正解を積み重ねて自信につなげる。	○
理科	・視覚的にアプローチした具体的な指示を出したり、見本を提示したりする。 ・指示を簡潔にし、話をする前にこちらを注視しているかを確認する。	○
英語	・ノートに正しく単語が写せているかを机間支援で確認していく。 ・ペア学習の際、机間支援をしながら、タイミングを見てヒントを出し、成功体験を積ませる。	特に目標①については×。単語の書きに関するつまずきの原因を丁寧に把握する必要あり。次回は、聴覚的に訴えるやり方で、歌を用いながら単語の書きについても覚えられるように工夫する。
音楽		
美術		
保健体育	・得意種目で活躍の場をつくり、自己肯定感を高める。 ・苦手種目では、ペア学習やグループ学習を取り入れ、仲間と楽しみながら、共に向上していく機会を多く体験させる。	△グループ分けに配慮が必要。
技術家庭		
生活面		

注)「本生徒の目標」の中の(1)は長期目標の(1)に対応しているということ、(2)は長期目標の(2)に対応しているということを示す。

教科を超えて、
主体的に参加できる授業研究会をめざして

他の教師の授業を参観できる研究授業は自己研鑽の絶好の機会です。しかしながら、教科担任制をとる中学校では、他教科の授業を参観することに対して、「教科が違うから……」という声も少なからず聞かれます。まして、授業を参観した後の協議で、異なる教科の授業に対して意見を述べることは、なかなか難しいと言えます。そこで、教師が教科の壁を超えて主体的に参加できる授業研究会をめざし、次の2点を工夫しました。

- 授業者が、「授業の観察ポイント」をあらかじめ指導案に書き込み、参観する際の視点を明確にします。このように、協議では、教科の枠を超えて話し合うポイントにしぼります。

- 授業の中で、丁寧に観ていきたい生徒（教育的ニーズのある生徒）を参加する各教師にあらかじめ割り振ります。教師は授業を参観しながら、観察シート（表7-7）を活用し、担当生徒の視点を中心とした授業記録をとっていきます。１時間の授業中、一人の生徒の目線でずっと授業を参観することは、子どもの視点から見えてくる授業の様子や、その子どもの学習の進め方といった新しい視点や新しい発見が多くありました。なお、気になる生徒をどう選ぶかの基準についても教師間で話し合いました。その結果、「努力をしようとしているけれど、なかなかテストの点数に結びついていない生徒」「教育的ニーズがありながら、気づきにくい生徒」を選ぶ基準としました。具体的にどの生徒にするかは、より生徒と距離の近い学年所属の教師の意見も参考にしながら決定しました。

表7-7　授業観察の際に用いた生徒の視点で観察を行う観察シート

中学校実践例

図６　生徒の視点で観察を行う観察シート

授業実施日　○月　○日（ □ ）△校時	教科　○○　授業者　○○　○○
丁寧に観察を行う生徒　△ 年 △ 組　名前（　□□ □□　）	
本生徒の課題　・指示が理解できると課題に取り組むことができるが、指示を聞くことが苦手である。 ・作業がゆっくりであり時間内に課題を終えることが難しい。	

活動の場面（何をしているときか）	生徒の様子で気づいたこと
・号令のあと、今日の授業のめあてを先生が話している。	・シャープペンシルの芯が出てこないことに気を取られ、シャープペンシルを修理しようとしている。先生の話に集中できていない。
・教科書の何ページを開くかを先生が指示している。	・シャープペンシルを修理することに集中し、教科書のページを聞き逃す。周囲を見回すことで教科書を開かなければならないことには気づくが、ページ数がわからず、結局開けなかった。
・ペア学習の場面	・隣の生徒に何をすべきなのかを教えてもらうことで課題に取り組み始め、少ないながらもノートに意見を書けた。 ・ただ、意見の多くは、ペアになった生徒の意見を自分のノートにそのまま写している様子。
・生徒の発表を聞く場面	・最初の発表は集中して聞けていた。後半は集中が途切れてしまった。 （言葉だけの指示や発表では注意を向けることが持続しづらい印象をもった。視覚的に示されていると、そこに目をやったりして、注意を向ける傾向にあった）

授業参観後の協議では、付せん紙を使用し、小グループでまずは話し合いを進めます（図7-2）。その際、赤の付せん紙には、「ねらいが達成できていた場面」を、青の付せん紙には、「ねらいが達成できていなかった場面や改善点」を、黄色の付せん紙には「感想」を書きました。

これらについては、まずは個人で付せん紙に書き、それを小グループで共有していきました。

その後、小グループでの話し合いの内容を全体で共有するために、グループの代表者が報告していきます。全体の前では意見が出にくい場合もありますが、小グループであれば意見交換がしやすく、主体的に協議が行われました。

特に、通常、授業研究会後の協議ではなかなか聞くことのできない「生徒の視点からの授業観察」を、あたかも担当教師が代弁するように話してくれるため（「板書が見えにくい」「次の課題へ移る速度が早い」「発言はできなかったが、該当の生徒も良い意見を書いていた」等）非常に参考になりました。また、一人の生徒の視点から、1時間の授業をずっと見ていくことで、授業していると気づかない、子どものペースや、学習の進め方の特徴など、観察する教師自身にとっても有効でした。

さいごに（こうした取組を行ってみて感じたこと、伝えたいメッセージ）

私が特別支援教育に出合ったのは授業改善の視点からでした。初めから特別支援教育を進めようとしたわけではありません。「生徒一人ひとりに授業で達成感をもってほしい」「生徒がわくわくするような授業をしたい」という日々の思いが出発点でした。授業改善への模索を続けていくうちに、「生徒の視点に誠実に向き合うことが大切である」ということに気がついたのです。中学校ではそれぞれの教科で担当が変わり、教科担当者の専門性が生徒の学力を育てていきます。この教科の専門性に特別支援教育の視点を組み合わせることで、より質の高い授業が展開できる可能性が広がっていくことを実感しました。生徒一人ひとりの学習を保障していくために特別支援教育は欠かすことのできない視点です。実際、気になる生徒に向けた教師の支援は、同じ学級にいる生徒にも有効であることが数多くありました。生徒の学習が保障されるために、特別支援教育は通常の学級においても必要な視点なのです。特別支援教育は構えてしまうものでも特別なものでもありません。特別支援教育は学習保障支援教育なのではないでしょうか。

（大森 薫）

授業者は指導案に授業の観察ポイントを記入する

↓ ※丁寧にみていく生徒やその生徒の様子を記録する係を決める

研究授業

↓

観察ポイントを中心に授業を参観

↓

授業を参観後、各自で付せん紙に記入する

赤付せん紙 → ねらいが達成できていた場面
青付せん紙 → 達成できていなかった場面や改善点
黄付せん紙 → 感想

↓ ※付せん紙と付せん紙を貼る台紙の準備

協議会の実施

①４つのグループに分かれて協議
②グループで協議した内容を全体に報告

↓ ※担当者が付せん紙を貼ったシートを印刷し協議で配布

協議終了

▲協議会の様子

まとめ

①付せん紙を整理した台紙から、代表的な意見をデータとして打ち込む
②データと協議の内容を踏まえ、研究推進委員でまとめを行う
③協議会の報告用紙の配布（各先生にフィードバックを行う）

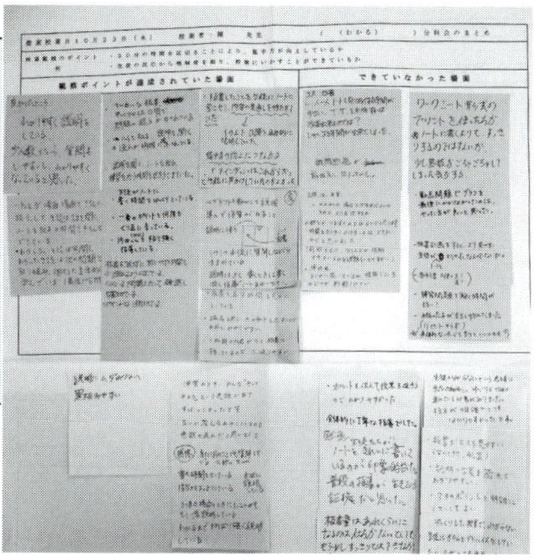

▶付せんを活用しての協議

図7-2　授業研究会の流れ

高等学校
実践例

高等学校での通級による指導における個別の指導計画

高等学校における通級による指導の開始に向けて

高等学校では、学習指導要領上定められた教科・科目等の標準単位数に応じて教育課程を編成しています。そのため、障害の状態や教育的ニーズの内容が生徒個々に異なっていても、定められた教科・科目等の内容を一斉指導の中でしか支援できず、ジレンマを抱えていた教員も少なくありませんでした。

今回、私の勤務した本校では、文部科学省の研究指定を受けた関係で、特別な教育課程の編成をすることが可能となり、個別の指導計画を作成しながら通級による指導を行いました。そのことについて紹介したいと思います。

本校では、通常の学級で行われている教科・科目等の授業から通級による指導を受けることができる特別の教育課程である「領域」という授業を設定しました（表7-8）。「領域」の授業を受ける対象生徒の選出プロセスについては、表7-9の通りです。それらのプロセスによって通級による指導で特別の教育課程を受けることとなった生徒に対して、「領域」の授業についての個別の指導計画を作成しています。

この個別の指導計画については、本校では独自の書式を作成しました。そもそも高等学校では、個別の指導計画を目にする機会はまだまだ少なく、高等学校の教員たちにはほとんど馴染みがありません。そのような中、目にしたこと・体験したことのない新しいことを導入するには、いくつかの障壁がありました。まず、個別の指導計画については、たくさんの書籍が出版されているものの、ほとんどが特別支援学校や小・中学校に限定された内容でした。書籍に掲載されている書式や内容の書き方について、高等学校で参考にできる部分が限られるということが個別の指導計画を作成する際の大きな壁となりました。

次に、個別の指導計画を使い慣れない状況下では、評価して、修正するという一連の流れができないかもしれないといった危惧があることもその一つでした。絵に描いたも餅になってはもったいない。実用性のあるものとしなければ、教員たちの負担だけを増やすことになってしまいます。本校の生徒や職員の実態に即した書きやすい書式、実用性のある管理方法を検討し、研修会等も実施しました。

さらに、個別の指導計画を本人や保護者に理解してもらえるのかという点も課題でした。本校で通級による指導の対象となった生徒の中で、小・中学校時代から個別の指導計画を持っている生徒はいませんでした。そのため、個別の指導計画という形で渡しても、対象生徒の頑張りや成果、学校が行う合理的配慮の内容が正確に届かないのではないかという不安がありました。これらのことから、本校では、教員にも生徒にも馴染みのある「評価票」という名称で領域の授業に関して個別の指導計画を作成・通知することにしました。

個別の指導計画（評価票）の書式については研究組織で検討を重ね、対象生徒の実情や本校の教員の意識等を考慮して、認知・理解を得ながら少しずつ記載する欄や項目を増やしていきました。また、個別の指導計画（評価票）を高等学校の教員間で馴染み深くするため、表7-8に示した領域授業担当教員全員で学習内容や評価内容の妥当性等を検討する会議を設定しました。個別の指導計画としての「評価票」を成績会議に提出して、教員たちが目にしたり、携わったりする機会を増やす工夫も行っていきました。平成30年度から開始される高等学校の通級による指導の実践において、個別の指導計画は不可欠なものになると考えています。

表7-8　本校で編成した特別の教育課程

領域名	指導内容	授業時間数・単位数
リベラルベーシックⅠ、Ⅱ	社会参加に必要な基礎学力の向上を図る領域とし、週に英語１時間、数学１時間、国語2時間の合計4単位。	Ⅰ、Ⅱ各4
コミュニケーション	ソーシャルスキルの要素を含めた社会的自立や社会性の獲得を図る領域。	2
ソーシャルスタディⅠ、Ⅱ	生活能力の向上を図るための領域。	Ⅰ、Ⅱ各2
社会参加・社会福祉体験	職業選択や職業生活を営むために必要な能力を高める指導の領域、本校の福祉教育の実績を活用。夏季休業中に実施。	1

※Ⅰは2年次、Ⅱは3年次に履修。

表7-9　対象生徒の選出プロセス

第1段階	毎日授業やホームルーム、部活動で直接指導を実施している教員から、学習面やコミュニケーション面で特に気になる生徒に関してつけた本校で作成したチェックシート（表7-10）を参考に、候補の生徒を選出。非常勤講師にも説明し、チェックシートを記載してもらう。
第2段階	チェックシートで名前の挙がった候補の生徒に関して、学年会や特別の教育課程に関する研究組織で検討し、外部の専門家等の意見も参考にしながら通級による指導の必要性等を個別に審議。候補の生徒の中から更に厳選する。
第3段階	候補の生徒本人や保護者の意向・ニーズを数回の面談にて確認。その結果で対象生徒を確定する。

▲研修風景

▲個別の指導計画についての会議風景

高等学校実践例

表3　学習面やコミュニケーション面に関するチェックシート

＜生徒プロフィールチェックを実施することによりめざしたいこと＞

* 本生徒の特徴・課題を把握＆共通理解→適切な支援へ
* 自己理解を助ける→自覚を促し成長を助ける
* できることを認める→本人の自己肯定感を高める

生徒氏名	○○○○　（　○ 年 ○　組）
記録年月日	○○　年　○　月　○　日
記録者	△△△　（教科△△ ）

	項　目	状　況			備考（具体例や補足事項を記入）
学習面	全体指導での指示理解	できる	**できないときもある**	難しい	
	集中力の持続	できる	できないときもある	**難しい**	座学での学習が特に困難。
	ノートの書き写し	できる	できないときもある	**難しい**	取りかかるのも書く作業も遅い。
	自分の特性理解	できる	できないこともある	**難しい**	苦手なことばかりに意識がいってしまう。
運動面	全体指導での指示理解	**できる**	できないときもある	難しい	
	体の動き	スムーズ	**やや固い**	ぎこちない	
	自分の特性理解	**できる**	できないこともある	難しい	
対人関係	感情のコントロール	できる	**できないときもある**	難しい	
	自分の行為の結果予測	できる	できないときもある	**難しい**	自分のしたいことが先行してしまう。
	アドバイスの受け入れ	できる	**できないときもある**	難しい	
	ルールの尊重	できる	**できないときもある**	難しい	
	約束の遵守	できる	**できないときもある**	難しい	
	嘘言	**ない**	時々ある	よくある	
	他者の感情を理解	**できる**	できないときもある	難しい	
	自分の気持ちを説明	できる	できないときもある	**難しい**	相手や場面に応じた言葉遣いが困難。
	他者や大人に対して	寛容	**どちらともいえない**	排他的	
生活面	時間の管理	できる	できないときもある	**難しい**	時間の計算が苦手。
	持ち物の管理	できる	できないときもある	**難しい**	なくしものが多い。
	身だしなみ	**整っている**	どちらともいえない	整っていない	

* 気になる場面	考えながら自発的に物事に取り組まなくてはならない場面。
* 気になる行動	自分の意見や思いを相手に伝えることが困難。過度に自信のなさがみられる。
* その他	発達障害の診断あり。保護者から時間の管理について対応してほしいとの申し出あり。

提出期日　●月● 日（ ● ）

高等学校における個別の指導計画

検討を重ね作成した個別の指導計画が表7-11になります。作成にあたっては、我々のコンセプトとして「1枚に収まる用紙で生徒・保護者に届けたい」ということがありました。さらには、記載する箇所が明確になるように、領域ごと、教員が記載する時期ごとに太枠で囲みました。長期達成目標及び短期達成目標、目標設定の理由、学習する内容・合理的配慮の4項目は、各学期開始直前・直後に記載し、追加修正があれば随時行うようにしました。各学期終了時に評価及び欠席時数を記載し、最終的に本人・保護者にこちらの個別の指導計画を渡すようにしました。

表7-11　高等学校における個別の指導計画

高等学校実践例

3年　○組　○番　名前　○○ ○○

個別の指導計画

長期達成目標　自分の意見や考えを公の場でも相手に伝えることができる。 力を身につけ，自己の特性に合う職業を見つけることができる。　（期間:　○○ 年　○ 月　○ 日～　△△ 年　△ 月　△ 日）

領域名（単位数）		短期達成目標（期間:　○月 ○ 日～　△ 月 △ 日）	目標設定の理由	学習する内容・合理的配慮	評価			欠席時数 1学期	欠席時数 2学期	欠席時数 3学期	欠席時数 合計
リベラルベーシックⅡ（4）	国語	プレゼンテーションソフトを活用しながら，出来事や自分の思いを順序立てて説明することができる。	高校3年生になって，就職について意識するようになってきており，就きたい職業も未だ漠然とはしているが，口にするようにもなってきている。何もないところから，自分の意見や思いを表現することは苦手。	興味のある職業について調べ，その内容と感想を発表する。使い慣れているプレゼンテーションソフトのテンプレートを使い，Q&A方式で言葉を挿入していくことで，順序立てて説明しやすくする。	達成度評価	○	介護の仕事について調べ，具体的な内容と興味を持った点について発表することができた。	3	0	0	3
					合理的配慮の妥当性・効果検証	○	スライドに沿って発表させることで，落ち着いて順序通り，発表することができ有効であった。				
	数学	検索ソフトを用いながら，待ち合わせや集合に適切な時刻に到着することができる。	生活場面において，お金の計算はほぼ身についているが，時間の計算が苦手で，集合時間より早く到着し過ぎてしまうことがある。	具体的な手続き，やり方を示すことで，理解しやすいことがこれまでにも見られているので，まずは教師とその方法，手順について具体的に確認する。 到着時刻から逆算し，時刻表を見ながら，適切な電車やバスを選ぶ。複雑な経路等は，検索ソフト使って確かめるようにする。	達成度評価	○	繰り上がり繰り下がりに苦労していたが，到着時刻から逆算して出発時刻を求められるようになってきた。				
					合理的配慮の妥当性・効果検証	△	検索ソフトの使い方に慣れてきたが，さらに実際の生活へ般化させるためには，およその時間の見当をつける練習も必要であり，そうした機会をまだ確保する必要がある。				
	英語	用意された実践を想定した場面で，覚えた英単語や表現を使って，コミュニケーションをとることができる。	単語や短いセンテンスを覚え，発音することができるが，自信がなく，声が小さい。	覚えた内容を活用させることで，学習に意欲を持たせる。具体的には，海外で買い物をする等，場面設定とシナリオを用意し，それに沿ってロールプレイをする。また，高い声や大きな声で発音する等，キャラクターを設定し，いろいろな表現を繰り返し，伸び伸びと話せるよう工夫する。	達成度評価	○	当初は声が小さかったが，繰り返し練習するうちに声が出るようになった。				
					合理的配慮の妥当性・効果検証	○	生徒自身がオリジナルのキャラクターを作り出す等，意欲を引き出すことができた。				
ソーシャルスタディーⅡ（2）		指示の通りに作業をやり遂げることの重要性を知る。 製品や作品の仕上がりを意識して，丁寧に作業することができる。	作業を行う際，指示の通りでなく，自己流になりがちで，さらには修正が難しい面がある。また，スピードを重視するため，仕上がりが雑になりやすい。	発注に応える形式で，本人も楽しみにしている文化祭のポスターを制作する。その際，発注者からのチェックを受ける等，修正を求められる場面を設定しながら，完成させる。 製品のチェックシートを作り，自分で仕上がりを評価するできるようにする。また，作業に集中できるよう一人用のブース内で作業して良いことにする。	達成度評価	○	時間はかかったが，受注作業であることを少しずつ理解し，修正を受け入れて製品を作り上げることができた。自分でチェックすることで完成度への意識が高まった。	1	1	0	2
					合理的配慮の妥当性・効果検証	○	チェックシートの活用で丁寧に作業できた。周囲が気になる様子はあったが，目の前の作業に集中することができた。				
社会参加・社会福祉体験Ⅱ（1）		自分に合う職種や仕事について考えたことを発表することができる。 社会人として必要な態度や言葉遣いをすることができる。	家の手伝いや係の仕事はよくするが，アルバイトを含め，働いた経験がなく，仕事のイメージが乏しい。 挨拶の習慣は身についているが，相手や場面に応じた言葉遣いの意識が育っていない。	自分の適性を自覚できるように様々な作業体験をし，振り返りをする。 実際の仕事に見通しが持てるよう実習先の企業研究をする。 面接練習の録画を見て振り返りをする。 出勤退勤時や作業中等，場面に応じた表現をロールプレイで練習する。	達成度評価	△	実際の体験を通して，細かい組み立て作業が得意である自覚を持つことができた。実習先では，落ち着いて作業に取り組むことができた。 実習の面接では，姿勢良く，丁寧な言葉で答えることができた。挨拶はしっかりとできたが，作業中に困った時に質問することができなかった。	／	0	／	0
					合理的配慮の妥当性・効果検証	△	実際に体験する中で，言葉で表現し，相手に伝わる経験が得られたことで，自信と自覚を持つことができた。 ただ，指導では，作業中の場面を想定した設定は用意してきたが，実際の現場ではそれらを活用することができなかった。場面設定をより具体的にするとともに自分で考える練習も必要である。				

個別の指導計画の作成と理解・啓発

「通級による指導」開始の段階では、「個別の指導計画」は全く白紙の状態でした。特別支援学校等の既成の書式に記入していくという方法もありましたが、「実態」「長期・短期目標」など独特の用語にも戸惑いがあり、担当者の中で共通理解することは困難でした。そこで、実践を重ねながら、高校の実態に合う、独自の「個別の指導計画」を作成しようと試みました。顧みると、研究を進めるなかで大きく3つの段階を経て、現在の書式が出来上がってきたと考えられます。

第一段階 ● 授業内容及び生徒の反応に関する記録の実施及び領域担当者全員での共有

日々の授業で取り扱った内容や工夫した点をメモし、そのときの生徒の反応や感想などを記録しました。生徒が何に関心を持ち、どのような学習に意欲をもって取り組むのか、記録をとることによって、生徒の実態がより明確に見えるようになりました。また担当者間で情報交換することで、各領域での様子だけでなく生徒個人の全体像が見え、その生徒が長期的にどのような目標で学習に取り組むべきか、話し合うことができました。

さらに、特別支援学校と連携し、日本版K-ABCⅡ心理・教育アセスメント※ を実施しました。検査結果をもとに生徒の得意なこと、苦手なことはそれぞれ何かを知り、苦手なことを補い、得意なことをどのように伸ばしていったらよいのか、その取り組み方について勉強会を行いました。データをもとに客観的に生徒の特徴をつかみ、個別の対応の仕方や将来の支援の方向性などを学びました。

上記二点を実施したことで、「個別の指導計画」の必要性、実態を踏まえた学習目標の重要性などを担当者間で共有することができました。

※藤田和弘・石隈利紀・青山真二・服部環・熊谷恵子・小野純平（2013）日本版K-ABCⅡ. 丸善出版.

第二段階 ● 評価票としての個別の指導計画の作成

当初は、通級による指導で行う「領域」の授業の評価を、他の科目とともに通知票にどのように記載するか、という書式の問題として研究組織内で話し合われました。校内の教務分野のグループとの話し合いも重ね、通知票には単位数のみ記載し、別票で学習内容と評価を記載することにしました。これが「個別の指導計画」への第一歩となりました。

しかし高等学校の教員にとって評価は評定として数字で出すものという認識が強く、文章での評価には負担感があったのも事実です。そのため文章表現を定型化し（表7-12、7-13）、生徒の学習の様子からいずれかを選択し、簡略に評価を記述するという試みも行いました。そのような段階を経て、現在は生徒の様子をより具体的に表記できる自由記述で記載する形式になっています。

「評価票」の進化形として「個別の指導計画」があると認識できたことによって、「評価票」の書式を整えていくという方向で、共通理解を得ながら動くことができるようになりました。

表7-12　評価票としての「個別の指導計画」における定型表現事例

①関心･意欲･態度	A相当	「～について、関心を深め、意欲的に取り組んだ」
	B相当	「～について、関心をもち、十分に取り組んだ」
	C相当	「～について、取り組もうとしているが、努力が必要である」
②思考・表現	A相当	「～について、思考を深めることができた」 「～について、工夫のある表現ができた」
	B相当	「～について、十分思考することができた」 「～について、十分表現することができた」
	C相当	「～について、課題に対する思考が深まっていない」 「～について、表現に対する意欲が不足している」
③資料の活用	A相当	「～について、資料を活用し、技能が高まった」
	B相当	「～について、資料を十分に活用できた」
	C相当	「～について、資料の活用技能に努力が必要である」
④知識・理解	A相当	「～について、理解を深めることができた」
	B相当	「～について、十分理解できた」
	C相当	「～について、理解に努力が必要である」

※各領域の学習内容から、以下の①～④の観点を必要に応じて選択し、それぞれA、B、C相当の評価として文章を作成して領域評価票（後の個別の指導計画）に記載した。簡潔な表現と客観性を重視した結果このような定型文を考えたが、個別の指導計画の意義を共有するなかで、次第に自由表記による評価に移行していった。

表7-13　個別の指導計画における定型表現事例を用いた記載例

単元名	ソーシャルスタディー

学習内容	学習の様子
●場に応じた身だしなみや適切なコミュニケーションについて学んだ上で、互いに気づいたことを伝え合う。 ●設定した掃除検定目標級（10級から1級）に取り組む。	清掃検定は2級を取得することができ、清掃や道具の正しい使い方について**理解を深めることができた。**身だしなみについては、取り組もうとしているが、**努力が必要である。**

第三段階 ● 高等学校における「個別の指導計画」

当初、「学習した内容」と「評価」のみという簡単な「評価票」から出発し、校内研究組織で検討を重ね、徐々に項目を増やしていきました。そして、「個別の指導計画」として機能させるために、「実態を踏まえた上で、長期目標や短期目標を設定すること」「短期目標を達成するための手立てを考え」「その学習に取り組み」「評価を行う」という一連の流れを、担当教員全体で理解し「個別の指導計画」として取り組むためには、どうしたらよいか考え、ひとつの工夫として項目の言葉を変えました。具体的には、「長期目標」「短期目標」だけではわかりにくいので「長期達成目標」「短期達成目標」にしました。「実態」は「目標設定の理由」にし、実態が目標設定の根拠となるようにしました。「手立て」は「合理的配慮」という言葉に替えました。こうするだけで言葉への抵抗感がなくなり、スムーズに書けるようになりました。3年かけて少しずつ書式を整え、成績会議においても「個別の指導計画」を提示することによって、「通級指導」の意義や「個別の指導計画」の重要性を全体に周知することができたように思います。

まず「個別の指導計画」ありきではなく、ボトムアップで少しずつ作り上げたことが、教員全体の理解を深めることにつながりました。現在の「個別の指導計画」は進化の途中にあります。社会に出るための最後の教育機関である高等学校の「個別の指導計画」にはどのような役割があり、どのように内容を充実していけばよいのか、今後の取り組みのなかでさらに模索していきたいと考えています。

さいごに（こうした取組を行ってみて感じたこと、伝えたいメッセージ）

高等学校で通級による指導や個別の指導計画の作成を継続して行っていくには、教職員の共通理解が何よりも必要だと感じています。一部の教職員だけが通級による指導を担当しても、高等学校の教育課程全体で生徒を支援・指導していかなければ、生徒の学力・人間関係を育む力は向上せず、生活習慣の改善や進路実現にはつながりません。そのためには教職員の研修も然るべきながら、それ以上に大切なのが、日頃の職員同士の対話だと感じています。

通級による指導や個別の指導計画についての歴史が浅い高等学校ですが、これまで日常的に取り組んでいたことそのものが、これらのことにつながっていると感じることがたくさんあります。指導や対応が難しいと思っている同僚と、「通級による指導方法の工夫点は、いつも○○先生が生徒に行っている対応そのものですよ」「○○先生が工夫して実践しているその指導方法をそのまま個別の指導計画に記載すれば良いのですよ」という会話をよくしたものです。

高等学校での通級による指導が今後、社会に浸透し発展していくために、まずは教職員同士のつながりと温度差に気を配りながら、少しずつ改変して進めていくことが一番の近道であり、継続した指導につながると感じています。

（藤原 瑞穂・山口 香・三好 理恵）

付録 CD-ROMの使い方

CD-ROMドライブに付録CD-ROMをセットし、その内容を表示させたら、「index.html」ファイルをダブルクリックしてください。資料一覧メニュー画面 が表示されます。

※「index.html」ファイルから開けない時は上記のhtmlフォルダ内の「data」フォルダから見てください。

資料一覧メニュー画面

※それぞれExcel・Word・PDFのボタンをクリックしてお使いください。

◆ファイル形式　Microsoft Word (docx)、Microsoft Excel (xlsx)、Adobe Reader (pdf)

◆動作環境
・Windows7／ブラウザ (IE11)、アプリケーション：Adobe Reader、Word2010、Excel2010
・Windows8.1／ブラウザ (IE11)、アプリケーション：Adobe Reader、Word2013、Excel2013
・Windows10／ブラウザ (Edge)、アプリケーション：Adobe Reader、Word2016、Excel2016

※収録されたファイルは、上記３つの環境にて動作を確認いたしました。

■警告　このディスクは「CD-ROM」です。音楽CDプレイヤー等のデータCD読み込みに対応していない危機で再生しないでください。大音量によって耳に障害を被ったり、スピーカーなどに破損を生ずることがあります。

資料

資料 Ⅰ

1.個別の指導計画作成に関するセルフチェックリスト …… Excel PDF
「実態把握」「目標の設定」「指導計画の作成」「指導の展開」「総合評価」

2-a.学習領域スキル別つまずきチェックリスト―国語 …… Excel PDF
〈Ⅰ.聞く〉〈Ⅱ.話す〉〈Ⅲ.読む〉〈Ⅳ.書く〉

2-b.小学漢字チェックリスト …… Word PDF
★学年別漢字配当表「現行版」「改訂版」

2-c.学習領域スキル別つまずきチェックリスト―算数 …… Excel PDF
〈Ⅰ.数と計算〉〈Ⅱ.図形〉〈Ⅲ.測定／変化と関係〉〈Ⅳ.データの活用〉〈Ⅴ.その他〉

3.学力のつまずき要因 …… Excel PDF
〈Ⅰ.聞く〉〈Ⅱ.話す〉〈Ⅲ.読む〉〈Ⅳ.書く〉〈Ⅴ.計算する〉〈Ⅵ.推論する〉

4.個別の指導計画書式 …… Excel PDF
〈長期目標と短期目標とを明確に対応〉〈教科で立案:小学校用〉〈教科で立案:中学校用〉

5.日々の記録用紙 …… Excel PDF

6.作文の評価 …… Word PDF

資料 Ⅱ

【コラム7】評価の多様性とは―テスト・アコモデーションから,どの子にとってもアクセスしやすいテストまで―

1.テスト・アコモデーションガイドライン …… PDF

【コラム9】「あ・つ・みファイル」―あ・つ・みポリシーを意識した授業づくり―

2.先生の授業作りチェックシート …… Excel PDF

資料 Ⅲ

第7章「個別の指導計画」を生かした実践より

小学校

1.行動観察シート／連絡帳 …… Word PDF

2.個別の指導計画書式 …… Word PDF

実践PDF

中学校

1.個別の指導計画書式 …… Excel PDF

2.観察シート …… Word PDF

実践PDF

高等学校

1.チェックシート …… Word PDF

2.個別の指導計画書式 …… Excel PDF

実践PDF

資料Ⅰ-1

個別の指導計画作成に関するセルフチェックリスト

記載日：　　　　　年　　　月　　　日

記載者：

【実態把握】

チェック項目	チェック
① **子どもがつまずいている領域を発見できたか** （例：国語の「書く」領域につまずきがある）	
② **子どもがつまずいている課題を発見できたか** （例：作文を書くことが難しい。短い作文になってしまう）	
③ **子どもがどこまで習得しているかを把握できたか** （例：書字（漢字以外）は学年相当。文法構造の理解もできている）	
④ **子どもの強い力を発見できたか** （例：聞いたり、読んだりした内容を理解するのは得意。視覚的な情報の処理は得意）	
⑤ **課題を遂行しているときの子どもの様子について把握できたか** （例：作文中は、何度も消したり書いたりを繰り返す）	
⑥ **子どもがつまずいている要因を推定できたか** （例：表現（話すことも含めて）が苦手。やや記憶の問題がありそう）	
⑦ **どの部分で支援を必要としているかを把握できたか** （例：文字の想起が困難なので、その部分への支援は必要）	
⑧ **子ども本人のニーズを把握しているか** （例：「長い作文が書けるようになりたい！」）	
⑨ **保護者のニーズを把握しているか** （例：「作文が嫌い。最近ますます苦手意識が強くなってきたので心配。何とかしたい」）	

資料Ⅰ－1

個別の指導計画作成に関するセルフチェックリスト

記載日：　　　　年　　月　　日

記載者：

【目標の設定】

チェック項目	チェック
① **目標の優先順位は決めたか** （例：作文に取り組む前に、まずは、話す能力へアプローチするのが先かな）	
② **基本的なつまずきからアプローチできているか** （例：まずは、話す能力が備わってから、書いて表現する方へ進もう）	
③ **他の領域や課題への影響を考慮したか** （例：ともに表現領域である話すこと、書くこと、両方を関連させながら取り組もう）	
④ **次につながるような目標を設定できたか** （例：話して表現でき、次にその内容を書いて表現できるようになればいいな）	
⑤ **日常生活・社会自立といったことを考慮したか** （例：自分の思っていることを正確に伝える手段を持つことは大切だ）	
⑥ **子ども本人のニーズを考慮したか** （例：確か、本人も長い作文が書けるようになりたいと言っていたな）	
⑦ **保護者のニーズを考慮したか** （例：保護者が心配していた本人の苦手意識をこの指導を通じて軽減できたらいいな）	
⑧ **立てた目標について他の人の意見を聞いたか** （例：本人や保護者、TTで入っている〇〇先生とも話し合ってみよう）	

資料Ⅰ−1

個別の指導計画作成に関するセルフチェックリスト

記載日：　　　　年　　　月　　　日

記載者：

【指導計画の作成】

チェック項目	チェック
① **子ども主体の目標になっているか** （例：「〇〇さんが・・・できる」→〇、「〇〇さんに・・・させたい」→×）	
② **肯定的な目標になっているか** （例：「・・・できる」→〇、「・・・しない」→×）	
③ **目標が一つにしぼられているか** （例：「計算できる」→〇、「計算でき、計算の仕方を発表することもできる」→×）	
④ **観察および評価（〇×）できるような目標になっているか** （例：「いつ」「どこで」・・・の要素がすべて入っていたら〇にしよう）	
⑤ **条件が示されているか** （例：「小グループでの話し合いの時、・・・できる」「具体物を用いた時・・・できる」）	
⑥ **基準が示されているか** （例：「すべて」「8割」「一日一度」「15分間」等）	
⑦ **子どもの強い力を利用できているか** （例：本人の得意な視覚的な支援として、絵や写真を見ながら話せるようにしよう）	
⑧ **課題の順序は適切か** （例：話して表現できるようになったら、書く（作文）の指導に移ろう）	
⑨ **手だての量は適切か** （例：絵や写真だけでなく、「いつ」「どこで」・・・の枠がある紙を用意する必要がありそうだ）	
⑩ **必要に応じて、計画の見直しや修正はおこなったか** （例：記憶への補償のアプローチも入れる必要があるな）	

資料Ⅰ－1

個別の指導計画作成に関するセルフチェックリスト

記載日：　　　　年　　月　　日

記載者：

【指導の展開】

チェック項目	チェック
① **集中時間の配慮はできているか** （例：15分ごとに少し休憩を入れよう。授業の最初に重要な課題をもってこよう）	
② **無理のない課題配分になっているか** （例：前回はしっかりふり返りができなかったから、少しプリントを減らそう）	
③ **抵抗感、二次的障害への配慮はできているか** （例：まずは、得意な計算プリントからやってみよう）	
④ **動機づけを高めるような工夫はされているか** （例：書いた作文を最終的には世界に一つしかない本にしよう）	
⑤ **有能感、達成感を味わえる工夫はなされているか** （例：作文が毎回どれだけ上手になっているかを具体的に伝えるようにしよう）	
⑥ **課題の正誤のチェック（記録・評価）はできたか** （例：正誤チェックが可能な課題については、チェックしよう）	
⑦ **達成水準のチェック（記録・評価）はしたか** （例：どれくらい向上したか、達成水準をできるだけ具体的に記録しよう）	
⑧ **誤答の特徴のチェック（記録・評価）はしたか** （例：作文では、いつも句読点が一つも入らない）	
⑨ **課題の順序が適切だったかのチェックはしたか** （例：集中の良い前半が作文でよかった。「書く」以前に「話す」を扱うべきだった）	
⑩ **手だての内容・量のチェックはしたか** （例：絵や写真等視覚的な支援は有効だった。スピーチのメモはもう必要ないだろう）	
⑪ **指導前の仮説と整合性はあったか** （例：視覚的な支援、記憶面への支援を行うことで、話す内容がまとまってきた）	

資料Ⅰ-1

個別の指導計画作成に関するセルフチェックリスト

記載日:　　　　　年　　　月　　　日

記載者:

【総合評価】

チェック項目	チェック
① 目標や達成度を適切に評価できているか （例:授業中、原稿用紙1枚以上の作文が書けたので、目標達成！）	
② 指導内容や方法の評価はおこなったか （例:視覚的な支援は有効であったが、記憶面については支援が十分ではなかった）	
③ 来学期・次年度の計画を作成したか（ヴィジョンはあるか） （例:記憶面へ配慮しながら、表現能力の向上につなげたい）	
④ 本人・保護者への報告・説明はおこなったか （例:個別の指導計画を渡す際、報告と説明をした。家庭での状況も把握できた）	

資料Ⅰ-2-a

学習領域スキル別つまずきチェックリスト—国語

対象：　　年　　組（名前）＿＿＿＿＿＿＿＿　記載日：　　年　　月　　日

記載者：＿＿＿＿＿＿

チェック	【Ⅰ．聞く】	
	1．音韻認識（音としてとらえる段階）に問題がみられる	チェック
	a．聞き間違いがある （例：花を穴、箱をはんこと聞き間違える）	
	b．特定の聞き取りにくい音がある （例：子音の中でもサ行が聞き取りにくい）	
	c．新しいことばを、なかなか覚えられない （例：固有名詞などがなかなか覚えられない）	
	2．意味理解に困難がみられる	チェック
	a．指示内容についての理解が困難なため、指示に従うことができない	
	b．話が通じにくいことがある	
	c．簡単な内容や質問でも、誤って理解することがある	
	d．様態や程度を表すことばの理解ができない （例：形容詞や副詞の理解が難しい）	
	e．同じことを表しているが、表現の仕方が違う文の理解ができない （例：「犬が猫を追いかける」←→「猫が犬に追いかけられる」）	
	f．ことばの背後に隠された意味をとらえることができない （例：鉛筆を忘れた人が言う「鉛筆を持っていますか？」は 「鉛筆を貸してください」といった意味が含まれているということがわからない）	
	g．話し合いが難しい	
	3．注意集中や記憶に困難がみられる	チェック
	a．ちょっとした雑音でも、注意がそれやすい	
	b．相手の話を聞いていないと感じられることがある	
	c．話を最後まで聞くことができない	
	d．聞きもらしがある	
	e．聞いたことをすぐに忘れる	
	f．指示を聞き返すことがある	

資料Ⅰ-2-a

学習領域スキル別つまずきチェックリスト—国語

対象:　　年　　組（名前）＿＿＿＿＿＿＿＿　　記載日:　　年　　月　　日

記載者:＿＿＿＿＿＿

チェック	〈Ⅱ．話す〉	
	4. 構音(音を作る段階)に問題がみられる	チェック
	a. 発音しにくい音がある （例:「しらない」が「ちらない」になってしまう）	
	b. 発音しにくいことばがある （例:「やわらかい」が「やらわかい」になってしまう）	
	c. 話す際の抑揚が不自然である	
	d. 適切な声の大きさや速さで話すことができない	
	5. 正確にことば(語彙レベル)を用いることに困難がみられる	チェック
	a. 的確なことばをみつけられなかったり、ことばにつまったりする	
	b. 使うことばの数が少ない	
	c. あることばを間違った意味において使うことがある	
	d.「行く←→来る」、「あげる←→もらう」などの混乱がみられる	
	6. 正確に文法を用いることに困難がみられる	チェック
	a. 主語、述語の文が作れないなど、文法構造の理解ができていない	
	b.「は」「を」「へ」など、助詞を適切に使うことができない	
	7. 会話(文)においてのやりとりに困難がみられる	チェック
	a. 内容をわかりやすく伝えることができない	
	b. 思いつくままに話すなど、筋道の通った話ができない	
	c. その場に応じた話をすることができない	
	d. 単語の羅列や、短い文など内容に乏しい（例:「やって」）	

資料Ⅰ-2-a

学習領域スキル別つまずきチェックリスト—国語

対象:　　年　　組（名前）＿＿＿＿＿＿＿＿　　記載日:　　年　　月　　日

記載者:＿＿＿＿＿＿

チェック	〈Ⅲ. 読む〉		
	8. 一つ一つの文字を読むのに困難がみられる	チェック	
	a. 平仮名の読み間違いがある		
	b. 片仮名の読み間違いがある		
	c. 拗音を読み間違える		
	d. 習った漢字が読めない　→付表「学年別漢字配当表」参照		
	e. 漢字の読み間違いがある 例:形態的に似た漢字と読み間違える･･･　貝→「みる」、石→「みぎ」 意味的に関連のある漢字と読み間違える･･･　町→「むら」、入る→「でる」 単漢字を勝手に熟語化して読み間違える･･･　人→「にんげん」、牛→「ぎゅうにゅう」 勝手に送りがなを付けて読み間違える･･･　白→「しろい」、青空→「あおいそら」		
	9. 単語を読むのに困難がみられる	チェック	
	a. 文字の順序を読み間違えたり(例:とおまわり→とおわまり)、 混同したり(例:にぐるま→にじまる)して読む		
	b. 文字を抜かしたり(例:しかい→しか)、 余分な文字を加えたり(例:せんせい→せんせいい)して読む		
	c. 促音(例:がっこう→がこう)や拗音(例:せんしゅう→せんしょう) などの特殊音節を含んだ単語を読み間違える		
	d. 初めて出てきた単語や、普段あまり使わない単語を読み間違える		
	e. 漢字で表されている単語より、仮名で表されている単語の方が理解しにくい		
	10. 文章を音読する際に困難がみられる	チェック	
	a. 助詞の「は」を読む際にも変換せずにそのまま「ハ」、「へ」をそのまま「へ」など 読み間違える(例:私は(ワタシワ)→(ワタシハ))		
	b. 単語や文節に正しく区切って読むことができない		
	c. 勝手読みがある(例:「いきました」→「いました」)		
	d. 文中の単語や行をとばしたり、繰り返したりすることがある		
	11. 文章の内容を理解するのに困難がみられる	チェック	習得学年
	a. 文章の内容の大体を読み取ることができない		1
	b. 文章のなかの場面の様子を読み取ることができない		1
	c. 事柄の順序を考えながら読み取ることができない		1
	d. 文章のなかの人物の行動や気持ち(3)を読み取ることができない		1
	e. 文章の要点を読み取ることができない		3

＊上付きカッコ内の数字(例:(3))は、その内容を扱う学年を示す。

資料Ⅰ-2-a

学習領域スキル別つまずきチェックリスト—国語

対象：　　年　　組（名前）＿＿＿＿＿＿＿＿＿＿＿＿　記載日：　　年　　月　　日

記載者：＿＿＿＿＿＿＿＿

チェック	〈Ⅳ．書く〉

12．文字を書くのに困難がみられる	チェック
a．平仮名の書き間違いがある （例：鏡文字「く」→ ＞ を書く、形態的に似ている「い」と「り」を間違う）	
b．片仮名の読み間違いがある （例：鏡文字「テ」→ テ を書く、形態的に似ている「シ」と「ツ」を間違う）	
c．習った漢字が書けない　→付表「学年別漢字配当表」参照	
d．漢字の書き間違いがある （例：細かい部分を書き間違える・・・　「赤」→ 赤 へんとつくりを反対に書く・・・　「粉」→ 分米 意味的に関連のある漢字と書き誤る・・・「入」→「出」）	
e．書く時の姿勢や、鉛筆などの用具の使い方がぎこちない	
f．字の形や大きさがうまくとれなかったり、まっすぐに書けなかったりなど、読みにくい字を書く	
g．独特の筆順で書く	
h．文字を写すのが難しい（例：黒板に書いてあることを写すのが遅い）	

13．単語を正確に表すことに困難がみられる	チェック
a．文字の順序を書き間違えたり（例：とおまわり→とおわまり）、混同したり（例：にぐるま→にじまる）して書く	
b．文字を抜かしたり（例：しかい→しか）、余分な文字を加えたり（例：せんせい→せんせいい）する	
c．長音（例：おうさま→おおさま）、促音（例：がっこう→がこう）や、拗音（例：でんしゃ→でんしゅ）、拗長音（例：せんしゅう→せんしょう）などの特殊音節を含む単語を間違えて書く	

14．文を書く上での基本的な構造の理解に困難がみられる	チェック
a．主語、述語の文が作れない、順序がおかしいなど、文の組み立てが理解できていない	
b．「は」、「を」、「へ」など、助詞を適切に使うことができない	
c．。、「」などの符号を正しく使うことができない	

15．文章を書くのに困難がみられる	チェック	習得学年
a．思いつくままに書き、筋道の通った文章を書くことができない		1
b．事実の羅列のみで内容的に乏しい		1
c．限られた量や、決まったパターンの文章しか書かない		1
d．修飾と被修飾との関係に注意して書くことができない		3
e．指示語や接続語の役割と使い方に注意して書くことができない		3

資料Ⅰ-2-b **《学年別漢字配当表》 現行版**

第一学年	一右雨円王音下火花貝学気九休玉金空月犬見五口校左三山子四糸字耳七車手十 出女小上森人水正生青夕石赤千川先早草足村大男竹中虫町天田土二日入年白八 百文木本名目立力林六（80字）
第二学年	引羽雲園遠何科夏家歌画回会海絵外角楽活間丸岩顔汽記帰弓牛魚京強教近兄形 計元言原戸古午後語工公広交光考行高黄合谷国黒今才細作算止市矢姉思紙寺自 時室社弱首秋週春書少場色食心新親図数西声星晴切雪船線前組走多太体台地池 知茶昼長鳥朝直通弟店点電刀冬当東答頭同道読内南肉馬売買麦半番父風分聞米 歩母方北毎妹万明鳴毛門夜野友用曜来里理話（160字）
第三学年	悪安暗医委意育員院飲運泳駅央横屋温化荷界開階寒感漢館岸起期客究急級宮球 去橋業曲局銀区苦具君係軽血決研県庫湖向幸港号根祭皿仕死使始指歯詩次事持 式実写者主守取酒受州拾終習集住重宿所暑助昭消商章勝乗植申身神真深進世整 昔全相送想息速族他打対待代第題炭短談着注柱丁帳調追定庭笛鉄転都度投豆島 湯登等動童農波配倍箱畑発反坂板皮悲美鼻筆氷表秒病品負部服福物平返勉放味 命面問役薬由油有遊予羊洋葉陽様落流旅両緑礼列練路和（200字）
第四学年	愛案以衣位囲胃印英栄塩億加果貨課芽改械害街各覚完官管関観願希季紀喜旗器 機議求泣救給挙漁共協鏡競極訓軍郡径型景芸欠結建健験固功好候航康告差菜最 材昨札刷殺察参産散残士氏史司試児治辞失借種周祝順初松笑唱焼象照賞臣信成 省清静席積折節説浅戦選然争倉巣束側続卒孫帯隊達単置仲貯兆腸低底停的典伝 徒努灯堂働特得毒熱念敗梅博飯飛費必票標不夫付府副粉兵別辺変便包法望牧末 満未脈民無約勇要養浴利陸良料量輪類令冷例歴連老労録（200字）
第五学年	圧移因永営衛易益液演応往桜恩可仮価河過賀快解格確額刊幹慣眼基寄規技義逆 久旧居許境均禁句群経潔件券険検限現減故個護効厚耕鉱構興講混査再災妻採際 在財罪雑酸賛支志枝師資飼示似識質舎謝授修述術準序招承証条状常情織職制性 政勢精製税責績接設舌絶銭祖素総造像増則測属率損退貸態団断築張提程適敵統 銅導徳独任燃能破犯判版比肥非備俵評貧布婦富武復複仏編弁保墓報豊防貿暴務 夢迷綿輸余預容略留領（185字）
第六学年	異遺域宇映延沿我灰拡革閣割株干巻看簡危机揮貴疑吸供胸郷勤筋系敬警劇激穴 絹権憲源厳己呼誤后孝皇紅降鋼刻穀骨困砂座済裁策冊蚕至私姿視詞誌磁射捨尺 若樹収宗就衆従縦縮熟純処署諸除将傷障城蒸針仁垂推寸盛聖誠宣専泉洗染善奏 窓創装層操蔵臓存尊宅担探誕段暖値宙忠著庁頂潮賃痛展討党糖届難乳認納脳派 拝背肺俳班晩否批秘腹奮並陛閉片補暮宝訪亡忘棒枚幕密盟模訳郵優幼欲翌乱卵 覧裏律臨朗論（181字）

資料Ⅰ-2-b　**《学年別漢字配当表》　改定版**

第一学年	一右雨円王音下火花貝学気九休玉金空月犬見五口校左三山子四糸字耳七車手十出女小上森人水正生青夕石赤千川先早草足村大男竹中虫町天田土二日入年白八百文木本名目立力林六（80字）
第二学年	引羽雲園遠何科夏家歌画回会海絵外角楽活間丸岩顔汽記帰弓牛魚京強教近兄形計元言原戸古午後語工公広交光考行高黄合谷国黒今才細作算止市矢姉思紙寺自時室社弱首秋週春書少場色食心新親図数西声星晴切雪船線前組走多太体台地池知茶昼長鳥朝直通弟店点電刀冬当東答頭同道読内南肉馬売買麦半番父風分聞米歩母方北毎妹万明鳴毛門夜野友用曜来里理話（160字）
第三学年	悪安暗医委意育員院飲運泳駅央横屋温化荷界開階寒感漢館岸起期客究急級宮球去橋業曲局銀区苦具君係軽血決研県庫湖向幸港号根祭皿仕死使始指歯詩次事持式実写者主守取酒受州拾終習集住重宿所暑助昭消商章勝乗植申身神真深進世整昔全相送想息速族他打対待代第題炭短談着注柱丁帳調追定庭笛鉄転都度投豆島湯登等動童農波配倍箱畑発反坂板皮悲美鼻筆氷表秒病品負部服福物平返勉放味命面問役薬由油有遊予羊洋葉陽様落流旅両緑礼列練路和（200字）
第四学年	愛案以衣位茨印英栄媛塩岡億加果貨課芽賀改械害街各覚潟完官管関観願岐希季旗器機議求泣給挙漁共協鏡競極熊訓軍郡群径景芸欠結建健験固功好香候康佐差菜最埼材崎昨札刷察参産散残氏司試児治滋辞鹿失借種周祝順初松笑唱焼照城縄臣信井成省清静席積折節説浅戦選然争倉巣束側続卒孫帯隊達単置仲沖兆低底的典伝徒努灯働特徳栃奈梨熱念敗梅博阪飯飛必票標不夫付府阜富副兵別辺変便包法望牧末満未民無約勇要養浴利陸良料量輪類令冷例連老労録（202字）
第五学年	圧囲移因永営衛易益液演応往桜可仮価河過快解格確額刊幹慣眼紀基寄規喜技義逆久旧救居許境均禁句型経潔件険検限現減故個護効厚耕航鉱構興講告混査再災妻採際在財罪殺雑酸賛士支史志枝師資飼示似識質舎謝授修述術準序招証象賞条状常情織職制性政勢精製税責績接設絶祖素総造像増則測属率損貸態団断築貯張停提程適統堂銅導得毒独任燃能破犯判版比肥非費備評貧布婦武復複仏粉編弁保墓報豊防貿暴脈務夢迷綿輸余容略留領歴（193字）
第六学年	胃異遺域宇映延沿恩我灰拡革閣割株干巻看簡危机揮貴疑吸供胸郷勤筋系敬警劇激穴券絹権憲源厳己呼誤后孝皇紅降鋼刻穀骨困砂座済裁策冊蚕至私姿視詞誌磁射捨尺若樹収宗就衆従縦縮熟純処署諸除承将傷障蒸針仁垂推寸盛聖誠舌宣専泉洗染銭善奏窓創装層操蔵臓存尊退宅担探誕段暖値宙忠著庁頂腸潮賃痛敵展討党糖届難乳認納脳派拝背肺俳班晩否批秘俵腹奮並陛閉片補暮宝訪亡忘棒枚幕密盟模訳郵優預幼欲翌乱卵覧裏律臨朗論（191字）

資料Ｉ-2-c

学習領域スキル別つまずきチェックリスト―算数

対象：　年　組（名前）＿＿＿＿＿＿＿＿　記載日：　年　月　日

記載者：＿＿＿＿＿＿

チェック	【Ｉ．数と計算】		
	1. 数字（整数）を読んだり、書いたりするのに困難がみられる	チェック	習得学年
	a. 100までの数の数唱に時間がかかったり、同じ数を二度言ったり、ある数を抜かしたりすることがある		1
	b. 3と8、6と9など、形状が似ている数字の扱いに混乱がみられる		1
	c. 十五を105といったように書き表すことがある		1
	d. 2位数以上になると、四十二を24といったように、位が逆に記されることがある		1
	e. 4位数までの数を読んだり、書き表したりできない		2
	f. 億や兆の単位を読んだり、書き表したりできない		4
	2. 数（整数）の概念の理解に困難がみられる	チェック	習得学年
	a. 数唱はできるが、集合数として、ものの個数を正しく数えることができない		1
	b. 規則正しく並べると数えることができても、ばらばらにすると数えることができない		1
	c. 一度数えた数量を、場所や並べ方を変えると、もう一度数え直す		1
	d.（　）番目といった順序数についての理解ができない		1
	e. 0についての理解ができない		1
	f. 必要に応じてものを、2ずつ、5ずつ、10ずつといったようにまとめて数えることができない		1
	g. ある数を10倍、100倍したり、10で割ったりした時の大きさの関係が理解できない		3
	h. 四捨五入の問題ができない		4
	i. 約数、倍数についての理解ができない		5
	3. 数の大小を比較したり、順序どおりに並べたりすることに困難がみられる	チェック	習得学年
	a. 100までの大小判断がすぐにできない		1
	b. 4位数までの大小判断がすぐにできない		2

資料Ⅰ-2-c

学習領域スキル別つまずきチェックリスト―算数

対象:　　年　組（名前）＿＿＿＿＿＿＿＿　　記載日:　　年　月　日

記載者:＿＿＿＿＿＿

	4. 加法・減法の計算に困難がみられる	チェック	習得学年
↳	a. ＋、－、＝などの記号の意味が理解できない		1
	b. どういうときに加法を用いるかが理解できない		1
	c. 加法の計算の際に、集合同士で足さずに1から数え直す		1
	d. 加法の計算の手続きに誤りがみられる （例:2＋3＝4というように、加数の次の数を機械的に答えとする）		1
	e. 数の合成（2と3を一緒にすれば5）は理解できるが、分解（5は2といくつになるか）が理解できない		1
	f. どういう時に減法を用いるか理解できない		1
	g. 減法の計算の手続きに誤りがみられる		1
	h. 繰り上がりのある加法の計算の手続きが理解できない		1
	i. 繰り下がりのある減法の計算の手続きが理解できない		1
	j. 1位数同士の計算でも30秒以上の時間がかかることがある		1
	k. 1位数同士の計算が暗算でできない		1
	l. 3つ以上の数の含まれる計算（例:10－9＋6）ができない		1
	m. 2位数またはそれ以上の数の筆算の表記において、位を揃えることができない		2
	n. 2位数またはそれ以上の数の筆算の手続きに誤りがみられる （例:2位数同士の加法の筆算において、計算を左の桁から始めてしまう）		2
	o. 2位数同士の計算でも30秒以上の時間がかかることがある		2
	p. 加法と減法間の関係というように計算相互の関係が理解できない		2

資料Ⅰ-2-c

学習領域スキル別つまずきチェックリスト—算数

対象:　　年　　組（名前）＿＿＿＿＿＿＿＿　　記載日:　　年　　月　　日

記載者:＿＿＿＿＿＿

5. 乗法・除法の計算に困難がみられる	チェック	習得学年
a. ×、÷ [3]、＝などの記号が理解できない		2
b. どういうときに乗法を用いるかが理解できない		2
c. 乗法の計算の手続きに誤りがみられる		2
d. 九九が暗唱できない		2
e. 乗法の筆算の手続きに誤りがみられる（例:2位数同士の乗法の筆算において、右記のように位取りを誤る） $\begin{array}{r}12\\ \times 28\\ \hline 96\\ 24\\ \hline 120\end{array}$		3
f. どういうときに除法を用いるかが理解できない		3
g. 除法の計算の手続きに誤りがみられる		3
h. 乗法と除法間の関係というように計算相互の関係が理解できない		3
i. 除法の筆算の手続きに誤りがみられる（例:商をどこに立てたらよいかがわからない）		4
j. 四則の混合した式（例:8÷4＋2×3）や、（　）を用いた式（例:7－(3＋2)）など、多くの操作を要する計算問題を解くことができない		4

6. 小数・分数を読んだり、書いたりすることに困難がみられる	チェック	習得学年
a. 小数の表記ができない		3
b. 分数の表記ができない（例:分母と分子を入れ替えてしまうことがある）		3

7. 小数・分数の概念の理解に困難がみられる	チェック	習得学年
a. 小数がどういうものかの理解ができない		3
b. 小数同士の大小判断ができない（例:0.1より0.09の方が大きいと思っている）		3
c. 分数がどういうものかの理解ができない		3
d. 分数同士の大小判断ができない（例:いつでも分母の大きい方が、分数としての値が大きいと思っている）		3
e. 帯分数を仮分数に直す、あるいはこの逆の操作を行うことができない		4
f. 分数を小数に、小数を分数に書き直すことができない		5

＊上付きカッコ内の数字（例: [3]）は、その内容を扱う学年を示す。

資料Ⅰ-2-c

学習領域スキル別つまずきチェックリスト―算数

対象：　　年　　組（名前）＿＿＿＿＿＿＿＿＿＿＿＿　**記載日：　　年　　月　　日**

記載者：＿＿＿＿＿＿＿＿

8. 小数・分数の計算に困難がみられる	チェック	習得学年
a. 小数の加法や減法の計算ができない		3
b. 同分母の分数の加法や減法の計算ができない		3
c. 小数の乗法や除法の計算ができない （例：答えの小数点の位置を正しく付けられない）		4
d. 異分母の分数の加法や減法の計算ができない		5
e. 分数の乗法や除法の計算ができない		5

9. 文章題を解くのに困難がみられる	チェック	習得学年
a. 文章題を読んで立式することができない		1
b. 問題に出てくる算数の用語（例：合わせて、全部で、違い、残り）の意味が理解できない		1

資料Ⅰ-2-c

学習領域スキル別つまずきチェックリスト—算数

対象:　　年　組（名前）　　　　　　**記載日:　　　年　　月　　日**

記載者:

チェック	〈Ⅱ. 図形〉		
	10. 図形を理解したり、構成したりすることに困難がみられる	チェック	習得学年
↳	a. 前後、左右、上下など、位置や空間の概念を表すことばの意味が理解できない		1
	b. 形を構成したり、分解したり[2]することができない （例:  は がいくつでできているかといった問題を解くことができない）		1
	c. 図形を模写することができない		1
	d. 図形の弁別ができない （例:似たような図形のグループの中から、同一の図形を探し出すことができない）		1
	e. 図形を構成する要素（例:辺、頂点[2]、直径　、半径[3]）や 構成要素間の関係が理解できない		2
	f. 三角定規やコンパスなどの器具を用いて図形を描き出すことができない		3
	g. 立方体や直方体といった立体図形について理解できない （例:頂点や面がいくつあるかがわからない）		4
	h. 立方体や直方体といった立体図形の展開図や見取り図などを描くことができない		4

＊上付きカッコ内の数字（例: [3]）は、その内容を扱う学年を示す。

資料Ⅰ-2-c

学習領域スキル別つまずきチェックリスト—算数

対象:　　年　　組（名前）＿＿＿＿＿＿＿＿＿＿＿＿　　記載日:　　年　　月　　日

記載者:＿＿＿＿＿＿＿

チェック	〈Ⅲ. 測定(1－3年生)／変化と関係(4－6年生)〉	チェック	習得学年
	11. 時刻や時間の概念の理解に困難がみられる	チェック	習得学年
	a. 昨日、今日、明日、早い（前）、遅い（後）というような時間の概念を表すことばの意味が理解できない		1
	b. 時計を見て時刻が読めない		1
	c. 日、時、分などの理解ができない		2
	d. 時間（時、分、秒(3)）などの計算ができない		3
	12. 量を比べたり、測ったりすることに困難がみられる	チェック	習得学年
	a. 長さや重さといった量がどういうものかが理解できない		1
	b. 長さや重さなどの量を比較することができない（直接／間接比較／任意単位による測定を含む）		1
	c. ものさしなどの計器のもつはたらきや目盛りの構造を理解することができない		2
	d. 角の大きさというものを理解したり、それを測定したりすることがきない		4
	13. 量を表す単位の理解や換算に困難がみられる	チェック	習得学年
	a. 量を表す基本単位（例:cm、ℓ(2)、g(3)）について理解できない		2
	b. 単位の換算（例:15cm←→150mm）ができない		2
	14. 面積についての理解や面積を求めることが難しい	チェック	習得学年
	a. 面積についての単位や、測定の意味が理解できない		4
	b. 面積を求めることができない		4
	15. 体積についての理解や体積を求めることが難しい	チェック	習得学年
	a. 体積についての単位や、測定の意味を理解することができない		5
	b. 体積を求めることができない		5
	16. 速さについての理解や速さを求めることが難しい	チェック	習得学年
	a. 速さの意味や、表し方について理解できない		5
	b. 速さを求めることができない		5

＊上付きカッコ内の数字（例: (3)）は、その内容を扱う学年を示す。

資料Ⅰ-2-c

学習領域スキル別つまずきチェックリスト—算数

対象:　　年　　組（名前）＿＿＿＿＿＿＿＿＿＿＿＿＿＿　　記載日:　　　年　　月　　日

記載者:＿＿＿＿＿＿＿＿

	17. 割合に関する問題を解くのに困難がみられる	チェック	習得学年
↳	a. 百分率（パーセント）の意味について理解できない		5
	b. 百分率（パーセント）を用いることができない		5
	18. 比に関する問題を解くのに困難がみられる	チェック	習得学年
↳	a. a:bといった比の意味について理解できない		6
	b. 等しい比を求めることができない		6
	19. 比例に関する問題を解くのに困難がみられる	チェック	習得学年
↳	a. 比例の意味について理解できない		6
	b. 反比例の意味について理解できない		6

資料Ⅰ-2-c

学習領域スキル別つまずきチェックリスト—算数

対象:　　年　　組（名前）＿＿＿＿＿＿＿＿＿＿＿＿＿＿　　記載日:　　　年　　月　　日

記載者:＿＿＿＿＿＿＿＿

チェック	**〈Ⅳ. データの活用〉**		
	20. 表やグラフの問題を解くのに困難がみられる	チェック	習得学年
↳	a. ものの個数について，簡単な絵や図などに表したり，それらを読み取ったりすることが難しい		1
	b. 表やグラフが何を表しているのか、どう読んだらよいのかがわからない		2
	c. 表やグラフにまとめることができない		2
	21. 平均に関する問題を解くのに困難がみられる	チェック	習得学年
↳	a. 平均の意味について理解できない		5
	b. 平均を求めることができない		5

資料Ⅰ-2-c

学習領域スキル別つまずきチェックリスト—算数

対象：　年　組（名前）＿＿＿＿＿＿　記載日：　年　月　日

記載者：＿＿＿＿＿＿

チェック	〈V．その他〉
	22．見直しをしない
	23．算数の用語や記号、公式などがなかなか覚えられない
	24．内容や形式、やり方などの変化に応じることが難しい （例：2位数同士の加法の計算はできるが、3位数同士になるとできない）
	25．考え方が一貫していない （例：（同じような）問題が出されるたびに解き方が違い、できたりできなかったりする）
	26．因果関係の理解が難しい（例：「健君は鉛筆を何本か持っていました。兄から3本もらったので9本になりました。最初は何本持っていたでしょう」といった逆思考の問題を解くことができない）
	27．テーマに関してじっくり取り組むことが難しい
	28．問題を解く際、ストラテジー（方略）を駆使することが難しい （例：いろいろな形の面積を出す問題で解きやすくするために補助線を引いたりするなど、自分なりに工夫することができない）
	29．考えを一般化させるのが難しい （例：応用問題を解くことが難しい）

資料Ⅰ-3

学力のつまずき要因

Ⅰ．聞く

〈つまずきの例〉	〈要因〉
話しことばにおける音の聞き分けが難しい。 聞き間違いがある。 新しいことばをなかなか覚えられない。 聞いたことをすぐに忘れる。	正確に音を聞き取る力 記憶力
指示の理解が難しい。 話が通じにくいことがある。 特に「どうして」「どのように」などの質問の理解が難しい。 話し合いが難しい。	意味を理解する力
ちょっとした雑音でも注意がそれやすい。 相手の話を聞いていないと感じられることがある。 聞きもらしがある。 近く（個別）で言われれば理解しやすいが、遠く（集団）だとしにくい。	注意を持続する力 記憶力

資料Ⅰ-3

学力のつまずき要因

Ⅱ．話す

〈つまずきの例〉	〈要因〉
語句を間違わずに復唱することが難しい。 文法的に不正確な言い方をする。 あることばを間違った意味において使うことがある。	記憶力 文法的な構成力 意味との正確な対応
語を羅列したり、文が短いなど内容的に乏しい。 思いつくままに話すなど、筋道の通った話をするのが難しい。 内容をわかりやすく伝えることが難しい。	状況に合わせて 現する力
発音しにくい音がある。 発音しにくい語がある。	正確に発声する力
適切なはやさで話すことが難しい。 適切な声の大きさで話すことが難しい。	語調に関する力

資料Ⅰ-3

学力のつまずき要因

Ⅲ．読む

〈つまずきの例〉	〈要因〉
平仮名や片仮名などの文字を読むことが難しい。 文字を抜かしたり、余分な文字を加えて読む。 形態的に似た文字を読み間違える。	文字や語を正しく認知する力 文字から音を想起する力
習った漢字が読めない。 形態的に似た漢字と読み間違える。 意味的に関連のある漢字と読み間違える。 黙読が遅い。	記憶力
音読はできても、内容を理解していないことがある。 文章の要点を正しく読みとることが難しい。	理解する力

資料Ⅰ-3

学力のつまずき要因

Ⅳ．書く

〈つまずきの例〉	〈要因〉
聴写すると書き誤る。 鏡文字がある。 文字の順序が入れ替わったりする。	文字や語を正しく認知する力 音から文字を想起する力
助詞(「は」「を」「へ」など)を適切に使うことが難しい。 思いつくままに書き、筋道の通った文章を書くことが難しい。 決まったパターンの文章しか書かない。	文法的な構成力 状況に合わせて表現する力
文字を視写することが難しい。 読みにくい字を書く。 書くときの姿勢や、鉛筆等の用具の使い方がぎこちない。	目と手を協応させる力 運動能力
漢字を書く際、上下や左右が入れ替わる。 漢字の細かい部分を書き間違える。	(漢字を)正しく認知したり、記憶したりする力

資料Ⅰ-3

学力のつまずき要因

Ⅴ．計算する

〈つまずきの例〉	〈要因〉
数を正確に書き表すことが難しい。 大小判断がすぐにできない。 十五を「105」、三千四十七を「300047」や「347」と書き誤る。	抽象的な思考力
どういうときに何算を使えばよいかの判断が難しい。 加法と減法、乗法と除法といった計算相互の関係の理解が難しい。 文章題を解くのが難しい。	論理的な思考力
数え足し（引き）のように計算をし、集合数同士で計算をしない。 簡単な計算が暗算でできない。	頭の中で数を操作する力
繰り上がりや、繰り下がりのある計算が難しい。 九九が暗唱できない。 自分勝手なルールで計算を行うことがある。	記憶力

資料Ⅰ-3

学力のつまずき要因

Ⅵ．推論する

〈つまずきの例〉	〈要因〉
因果関係の理解が難しい。 内容や形式、やり方などの変化に応じることが難しい。 問題を解く際、ストラテジー（方略）を駆使することが難しい。	論理的な思考力
形を構成したり、分解したりすることが難しい。 図形の見取り図や立体図を描くことが難しい。 表やグラフにまとめることが難しい。	形をとらえたり頭の中で操作したりする力
時間の概念を表すことばの理解が難しい。 位置や空間を表すことばの理解が難しい。	言語的な理解力
量を比較することが難しい。 ものさしなど計器のもつはたらきや、目盛りの構造の理解が難しい。 量を表す基本単位についての理解が難しい。	抽象的な思考力

資料Ⅰ-4

個別の指導計画 （長期目標と短期目標とを明確に対応）

対象：　　　年　　組（名前）

記載日：　　　年　　月　　日　記載者：

指導形態：週／月　　日（　　）曜日　　時間　　集団／個別	
指導領域：聞く／話す／読む／書く／計算する／推論する／行動／社会性	
指導場所：（　　　　　　　）	担当者（　　　　　　）

長期目標	設定日	評価日	評価
(1)			
(2)			
(3)			

対応する長期目標	当期（　/　～　/　）の短期目標と手だて(合理的配慮)	評価	対応する長期目標	来期（　/　～　/　）の短期目標と手だて(合理的配慮)
	目標	（　）		目標
	手だて	（　）		手だて
	目標	（　）		目標
	手だて	（　）		手だて
	目標	（　）		目標
	手だて	（　）		手だて

個別の指導計画（教科で立案：小学校用）

対象：　　年　　組（名前）　　　　記載日：　　年　　月　　日～　　月　　日　記載者：

	単元名	本児の目標	目標設定の理由（本児の実態）	目標についての評価
教科全体				
国語				
算数				
社会				
理科				
音楽				
図工				
体育				
他の教科				
生活面				
家庭				

	具体的な手だて（合理的配慮）	手だてへの評価
教科全体		
国語		
算数		
社会		
理科		
音楽		
図工		
体育		
他の教科		
生活面		
家庭		

設定日	長期目標（年間目標）	（評価予定日）評価日	評価
		（　　　　）	

資料Ⅰ-4

個別の指導計画 （教科で立案：中学校用）

対象：　　年　　組（名前）　　　　記載日：　　年　　月　　日～　　月　　日　記載者：

	担当者	単元名	本児の目標	目標設定の理由（本児の実態）	目標についての評価
国語					
数学					
英語					
社会					
理科					
音楽					
美術					
保体					
他の教科					
生活面					
家庭					

	具体的な手だて（合理的配慮）	手だてへの評価
国語		
数学		
英語		
社会		
理科		
音楽		
美術		
保体		
他の教科		
生活面		
家庭		

設定日	長期目標（年間目標）	（評価予定日）評価日	評価
		（　　　）	

資料Ⅰ-5

日々の記録

対象：　　年　　組（名前）　　**記載日：　　年　月　日～　月　日**　　**記載者：**

≪長期目標≫　（　月　日～　月　日）

≪短期目標≫　（　月　日～　月　日）

短期目標	具体的な課題（手だて・合理的配慮）	達成度	習得している部分（＋）	未習得の部分、誤りの特徴（－）	その他、特記事項

資料1-6

作文の評価

作文の評価

1. テーマは　教師が選んだものか？（　）　子どもが選んだものか？（　）

2. テーマについての子ども側の要因

	低い			高い
事前の知識	1	2	3	4
関心	1	2	3	4

3. 子どもはどのことに時間を費やしたか？
   - テーマを考えることに（　）
   - テーマは決まったが、内容を考えることに（　）
   - 文字の想起に（　）
   - 観察できなかった（　）
   - 教室の外での調査に（　）
   - 文法的な構造に（　）
   - 内容について話すことに（　）

4. どのような手段で行ったか？　それについての能力は？
   手書き（　）　ワープロ機能を持つ機器（　）　口頭（　）

	低い			高い
流暢さ	1	2	3	4

	めったにない			しばしば
5. どれくらい支援を求めたか？	1	2	3	4
6. どれくらい頻繁にストップして再読したか？	1	2	3	4
7. 再読することで変化が生じたか？	1	2	3	4

8. 変化したのは（最初の原稿から最後の原稿の間で）
   - 文字や語を正しく書くこと（　）
   - 語い（　）
   - 段落の移動（　）
   - 細かい文（詳細さ）の付加（　）
   - その他（　）
   - 文法の正確さ（　）
   - 形容詞や副詞の付加（　）
   - 題名（　）
   - 文体の調整（　）

9. 全体的な評価

	低い			高い
主要とするテーマと関連している	1	2	3	4
論理的である	1	2	3	4
伝えたい内容が明瞭に書かれている	1	2	3	4

10. 子どもは最終的に完成した作文を誰と共有したか？
   - クラスで読み上げた（　）
   - 印刷した（クラスの出版物、学校新聞等）（　）
   - 保護者に読み上げた（　）
   - 小さなグループの前で読み上げた（　）
   - 教師に読み上げた（　）
   - 誰とも共有していない（　）

資料Ⅱ-1

≪テスト・アコモデーションガイドライン≫

作る編	**テスト用紙の工夫をする**
テスト用紙（文字）を拡大する	
計算をするスペースを設ける	
マス目のあるプリントにする（書きやすいように）	
問題用紙に直接答えを書き込めるようにする	
問題にふりがなをふる	
実施編	**問題の出し方や答え方に幅を持たせる**
問題文を読み聞かせる	
書かずに，口頭で答えれば良いことにする	
	テストの受け方に幅を持たせる
落ち着ける部屋（別室）でテストを受けられるようにする	
少人数でテストを受けられるようにする	
計算機の使用や，辞書の使用を認める	
	テストや提出物の時間（期限）を調節する
テストの時間を延長する　（例：１．３倍にする）	
途中に休憩を入れる	
提出物の提出期間を延長する	
評価編	**本筋でないところで減点せずに，許容度を広げる**
漢字のトメ，ハネ等，厳密に要求しない	
平仮名で書けていれば良いことにする	
単位がなくても（cm等が上手に書けていなくても）誤答としない	
解答への転記で誤っていても計算過程が合っていれば良いことにする	

資料Ⅱ-2

先生の授業作りチェックリスト

（ いつもしている=4　ときどきしている=3　あまりしていない=2　まったくしていない=1 ）

月　　日　名前（

		子どもに**あ**わせる	評価		分かりやすく**つ**たえる	評価		子どもを**み**とめる	評価	
Ⅰ 学級経営	1)	一貫した対応をする		2)	混乱した時の対応の仕方を伝える（困った時は周囲の人に頼む、かっとしたらその場を離れるなど）		6)	子どもどうしが互いの良さを認め合う機会をつくる		
				3)	見通しがもてるように予定を伝える		7)	大声を出す、席を離れるなど、子どもの行動の意味を考える（例えば、注目してほしい、指示がわかりずらい）		
				4)	学級の中のルールをわかりやすく伝える		8)	質問しやすい雰囲気を作る		
				5)	用意するものを伝える		9)			Ⅰ得点　÷8=
Ⅱ 授業の構成・教具	1)	子どもの実態に合わせ、達成可能な目標やねらいを設定する（状態を把握しやすい観察や測定が可能な目標を設定する）		7)	設定した目標やねらいを分かりやすく伝える		13)	伸びる力に目を向ける		
	2)	活動内容や課題の難易度を子どもに合わせて数種類用意し、子どもが選択できるようにする		8)	子どもに学習の流れを伝える		14)	説明中心でなく、子どもが取り組みたいと思う学習場面を作る		
	3)	子どもにあわせて授業の構成を工夫する		9)	授業に取組やすいように準備しておくことを伝える		15)	子どもどうしが互いの良さを認め合う機会をつくる		
	4)	内容が理解できているか授業の中で複数回確認する		10)	機器や教材　教具の使い方を子どもに分かるように示す		16)	約束ごとが守れたり、望ましい行動をとれたりしたときには、すぐにほめる		
	5)	教科書以外の機器（視聴覚機器など）や教材（ワークシートなど）を積極的に活用する		11)	個々の子どもの様子を把握するため机間指導をする		17)	できていることを認めたり、ほめることができるように、教材を工夫する。		
	6)	子どもにあわせた多様な教材を用意する。		12)	解答を導くための手がかりを伝える		18)	好奇心ややる気をそそる教材を作成する		
							19)	子ども同士の学習内容のふりかえりの機会を設定する		
							20)	子どもが自分の学習内容をふりかえる機会を設定する		
							21)	子どもの特性を認める		
							22)	積極的に子どもの良いところを見つけてほめる		
							23)	良いことを見つけた際には、その場ですぐにほめる		
							24)	取り組めるよう、はげます		Ⅱ得点　÷24=
Ⅲ 教室環境	1)	子どもの状態にあわせて環境（刺激）を調整する		4)	掲示物を整理して、必要な情報のみを伝える		5)	子どもが成就感を感じられる掲示を工夫する		
	2)	座席を配慮する								
	3)	学習しやすい環境作り								Ⅲ得点　÷5=
Ⅳ 学習形態	1)	子どもの特性を踏まえて役割を決める		5)	グループのねらいをわかりやすくを伝える		6)	子どもどうしが互いの良さを認め合う場面を設定する		
	2)	メンバーに留意してグループを決める					7)	グループわけを肯定的な意味づけで行う		
	3)	複数の教師で指導を行う場合、教師間の連携をとっている								
	4)	一斉学習だけでなく、子どもの習熟度や学習のねらいに合わせた学習形態を考える								Ⅳ得点　÷7=
Ⅴ 指示の出し方・話し方	1)	作業や課題は達成可能な量になるよう、小さなまとまりに分ける		3)	適切な声量で、間をとり、ゆっくり話す		5)	子どもが話そうとしていることを適切なことばで表現したり、補ったりする		
	2)	子どもにあわせた指示の出し方や話し方をする		4)	簡潔で分かりやすい言葉づかいで伝える		6)	好奇心ややる気をそそる発問を工夫する		Ⅴ得点　÷6=
Ⅵ 板書・ノート指導・プリント指導	1)	子どもに分かりやすい文字の大きさで書く		7)	板書の書式（左から右へ書くなど）を決めて伝える		13)	必要なことが書けていることをほめる		
	2)	文字を詰めず、子どもに分かりやすい文字量にする		8)	ノートをとる必要のある箇所をはっきりさせる		14)	少しでも書けていることを認めてほめ、最後まで取り組み続けられるように、はげます		
	3)	子どもに分かりやすいレイアウトにする		9)	黒板に指示内容を書く					
	4)	教師の板書の時間を短くする		10)	ノートやプリントに書く内容と書き方を具体的に伝える					
	5)	プリントは見やすいレイアウトにする		11)	ノートの取り方を指導する（赤ペンの使い方）					
	6)	ノートを取る時間を十分に確保する		12)	「〇〇分まで」と終わりの時間を黒板に書いて伝える					Ⅵ得点　÷14=
Ⅶ テストの配慮・学習の評価	1)	いろいろな評価を用意する（評価の多様性）		7)	テストの際、何をすべきか（実施要領や目的）を明確に伝える		10)	テストの際、どういう配慮が必要か子どもと話しあう		
	2)	テストやレポート提出等の時間の調節をする		8)	事前にテストのやり方を伝えておく		11)	評価の際、積極的に子どもの良いところを見つけてほめる		
	3)	テスト用紙や回答用紙の工夫をする		9)	テストで何が求められているか、具体的な言葉で伝える		12)	子どもの進歩を分かち合う		
	4)	問題の出し方や答え方に選択の幅をもたせる								
	5)	テストの受け方に選択の幅を持たせる								
	6)	テストの解答において、本筋でないところで減点せずに、許容度を広げる								Ⅶ得点　÷12=
		「あわせる」得点　÷28=			「つたえる」得点　÷23=			「みとめる」得点　÷25=		

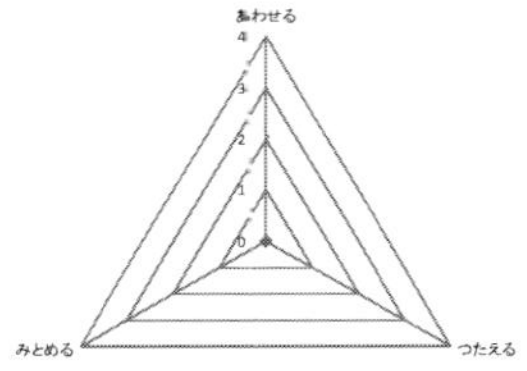

あつみポリシーの傾向

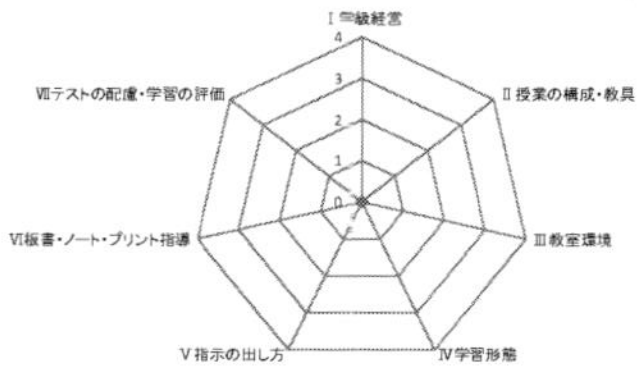

授業づくりの傾向

資料Ⅲ-小学校-1

行動観察シート

年　　組　名前（　　　　　　　　　　）
月　　日　　校時　教科（　　　　　　　　　　）
活動場所（　　　　　　　　　　）
記入者（　　　　　　　　　　）

			観察項目	観察内容・場面の例	チェック	特記事項（場面，どの程度，気付いたこと）
授業観察	学習態勢・認知処理等	学習態勢	見通し　忘れ物	学習用具の準備ができない		
			空間認知	机が指定位置にない		
			空間認知	机の中の整理整頓ができない		
			空間認知	机の周りにごみが落ちている		
			指示理解　不注意	机のフックに適切なものがかかっていない		
			切り替え　見通し	使ったものをすぐに片付けない		
			規律　見通し	チャイム着席ができない		
			集中	いたずら書きをする		
		運動・過敏さ	運動	姿勢の保持ができない		
			運動	鉛筆を正しく持てない		
			運動	消しゴムを適切に使えない		
			過敏さ	上履きを履いていない		
		認知の特性（多動・不注意・衝動）	不注意	指定のページを開いていない		
			不注意　見る	注視できない		
			不注意　意欲	取り組み始めるのが遅い		
			不注意　こだわり	行動の切り替えがすぐできない		
			見る	板書を写すのが難しい		
			不注意　聞く	全体への指示に反応しない		
			不注意	気が散りやすい		
			多動　規律	離席する		
			多動	イスに正しく座れない		
			衝動性	勝手に発言する		
			衝動性	先走って行動する		
	掲示物・ノート	書く・見る	絵を描く	絵が学年不相応（人物画・観察画・空想画）		
			字を書く　見る	字の形が取れていない		
			字を書く	マスを意識して書けない		
			字を書く	字の大きさが一定でない		
			字を書く	筆圧が一定でない		
			文を書く	「てにをは」がうまく使えない		
			文を書く　見る	学年相応の漢字を使っていない		
			文を書く	「，」「。」がない		
			文を書く	字の抜けがある		
			文を書く	内容に関係のないことを書いている		

資料Ⅲ-小学校-2

本人・保護者・通常の学級・通級指導教室をつなぐ連絡帳

小学校　　　年　　組　　　　　　　　さん		
通級指導教室での様子　　月　　日（　　）		
わたしの学習のふりかえり（できたこと・わかったこと）		
よくできた◎　できた○　少しできた△		
ふりかえりのポイント	さん	先　生
①		
②		
③		
④		
⑤		
在籍学級の先生より　　月　　日（　　）		
がんばっていること	伝えておきたいこと（気になることなど）	
家庭より　　月　　日（　　）		

資料Ⅲ-小学校-2

連携型個別指導計画

年　　月作成

立　　　小学校　　　年　　氏名	
在籍学級担任氏名	通級指導教室担当氏名

指導目標（長期目標）

在籍学級での目標

通級指導教室での目標

短期目標及び手立てと評価

・在籍学級（期間　　月 ～　　月 ）	評価
短期目標	
手立て	

・通級指導教室　（期間　　月 ～　　月 ）	評価
短期目標	
手立て	

来年度への引き継ぎ

在籍学級より	通級指導教室より

資料Ⅲ-中学校-1

（平成　　　）年度

個別の指導計画

対象生徒	年　組	記載日　　年　月　日　～　　年　月　日	責任者	

長期目標	設定日		評価	評価日	

教科	記入日	記載者	本生徒の目標	目標設定の理由（本生徒の実態）	目標についての評価
国語					
数学					
社会					
理科					
英語					
音楽					
美術					
体育					
技術家庭					
生活面					

教科	具体的な手だて（合理的配慮）	手だてへの評価
国語		
数学		
社会		
理科		
英語		
音楽		
美術		
体育		
技術家庭		
生活面		

生徒の視点で観察を行う観察シート

授業実施日　　月　　日（　　）　　校時	教科　　　　　　授業者
丁寧に観察を行う生徒　　　　年　　　組　　　名前（　　　　　　　　　　）	
本生徒の課題	

活動の場面 （何をしているときか）	生徒の様子で気づいたこと

学習面やコミュニケーション面に関するチェックシート

＜生徒プロフィールチェックを実施することによりめざしたいこと＞

生徒氏名			（　年　組）
記録年月日	年	月	日
記録者		（教科等	）

	項　目	状　況			備考（具体例や補足事項を記入）
学習面	全体指導での指示理解	できる	できないときもある	難しい	
	集中力の持続	できる	できないときもある	難しい	
	ノートの書き写し	できる	できないときもある	難しい	
	自分の特性理解	できる	できないこともある	難しい	
運動面	全体指導での指示理解	できる	できないときもある	難しい	
	体の動き	スムーズ	やや固い	ぎこちない	
	自分の特性理解	できる	できないこともある	難しい	
対人関係	感情のコントロール	できる	できないときもある	難しい	
	自分の行為の結果予測	できる	できないときもある	難しい	
	アドバイスの受け入れ	できる	できないときもある	難しい	
	ルールの尊重	できる	できないときもある	難しい	
	約束の遵守	できる	できないときもある	難しい	
	嘘言	ない	時々ある	よくある	
	他者の感情を理解	できる	できないときもある	難しい	
	自分の気持ちを説明	できる	できないときもある	難しい	
	他者や大人に対して	寛容	どちらともいえない	排他的	
生活面	時間の管理	できる	できないときもある	難しい	
	持ち物の管理	できる	できないときもある	難しい	
	身だしなみ	整っている	どちらともいえない	整っていない	

＊気になる場面

＊気になる行動

＊その他

提出期日　　月　　日（　）

個別の指導計画

年　　組　　番　名前

長期達成目標							（期間：　年　月　日～　年　月　日）			
領域 （担当者）	短期達成目標 （期間：　月　日～　月　日）	目標設定の理由	学習する内容・合理的配慮	評価			欠席時数			
							1学期	2学期	3学期	合計
担当 （　　）				達成度評価						
				合理的配慮の 妥当性・ 効果検証						
担当 （　　）				達成度評価						
				合理的配慮の 妥当性・ 効果検証						
担当 （　　）				達成度評価						
				合理的配慮の 妥当性・ 効果検証						
担当 （　　）				達成度評価						
				合理的配慮の 妥当性・ 効果検証						
担当 （　　）				達成度評価						
				合理的配慮の 妥当性・ 効果検証						

おわりに……

2007年、この本の基になった『個別の指導計画作成ハンドブック』の「最後に綴ったことば」を読み返しています。

「はじめは、LD等の子どもたちの学習に焦点を当てた個別の指導計画に関する手引きが、わが国において見当たらない現状において、『簡単に個別の指導計画が作成できる手引き』を作れないかという構想がありました。表現としては、わかりやすさをめざしましたが、一方で、書くべき内容・盛り込む内容についても簡単にし過ぎてよいものかと思うようになりました。自分の中での答えはNoでした。

ここに書いてある内容をすべて個別の指導計画の中に盛り込めたとしたら、かなり質の高い指導計画になると思われます。しかし、はじめから全部を盛り込もうとしなくて構いません。できるところから始めてみてください。徐々にこの本から、利用する箇所を多くしていっていただけたらと思います。そのような過程を経る中、お子さんと先生に合う個別の指導計画が見つかることでしょう」

10年以上が経過した今でもこの思いは変わっていません。

そして、一人ひとりの子どもが抱える教育的ニーズをしっかりとつかみ、子どもたちが待ち望んでいる指導・支援を確実に届けていくという教育の理念の広まりと深まりとともに、これまで以上に個別の指導計画の重要性が認識されるようになっています。

個別の指導計画とは、そのような指導・支援を届ける側と主体的にそれらを受け取る側との大切なやり取りの過程を象形したものといえるかもしれません。

しかしながら、「個別の指導計画を書くこと、書かねばならないといった思い」自体にしばられてしまうことも時にはあるでしょう。そのような折には、個別の指導計画というものに本来宿っている「子どもとの丁寧なやり取りを通じながら、自己実現に向かって、子どもとの歩調を合わせた学びの軌跡」という自由で、希望的で、創造的な側面があるということを思い出してみてください。

最後になりましたが、先生方が子どもたちの顔を思い浮かべながら、あれこれ計画を練る、その傍らにこの本があり、ほんのちょっとでもお手伝いができたら……幸いです。

2017年6月

海津 亜希子

海津亜希子（かいづ・あきこ）

著者紹介

独立行政法人 国立特別支援教育総合研究所 主任研究員、博士（教育学）、特別支援教育士スーパーバイザー、臨床心理士、学校心理士。子どもの声に真理を求め、心ある研究をめざしている。

実践／コラム／イラスト
小学校
島田有里（しまだ・ゆり）
東京都葛飾区立小学校 指導教諭
中学校
大森 薫（おおもり・かおり）
東京都大田区立中学校 主任教諭
高等学校
藤原瑞穂（ふじわら・みずほ）
神奈川県立高等学校 総括教諭
山口 香（やまぐち・かおり）
神奈川県立高等学校 教諭
三好理恵（みよし・りえ）
神奈川県立高等学校 教諭
コラム7･9
玉木宗久（たまき・むねひさ）
独立行政法人 国立特別支援教育総合研究所 主任研究員
イラスト
伊藤由美（いとう・ゆみ）
独立行政法人 国立特別支援教育総合研究所 主任研究員

教育ジャーナル選書

学習障害（LD）のある 小学生 中学生 高校生 を支援する

個別の指導計画

作成と評価ハンドブック

2019年2月1日　第3刷発行

著者　海津亜希子
発行人　甲原 洋　　編集人　木村友一
発行所　株式会社 学研教育みらい　〒141-8416　東京都品川区西五反田2-11-8
発売元　株式会社 学研プラス　〒141-8415　東京都品川区西五反田2-11-8
印刷・製本所　凸版印刷株式会社

●協力者一覧
表紙・本文デザイン　宮塚真由美
編集　石井清人
編集協力　遠藤理恵・河村啓介・松岡ひろみ・丸山優子・アヴァンデザイン研究所

この本に関する各種お問い合わせ先
【電話の場合】●編集内容については　TEL 03-6431-1563（編集部直通）
●在庫については　Tel 03-6431-1250（販売部直通）
●不良品（落丁、乱丁）については　Tel 0570-000577
学研業務センター
〒354-0045　埼玉県入間郡三芳町上富279-1
●上記以外のお問い合わせは　Tel 03-6431-1002（学研お客様センター）
【文書の場合】
〒141-8418　東京都品川区西五反田2-11-8　学研お客様センター「個別の指導計画　作成と評価ハンドブック」係